la escuela - okul   2
el viaje - seyahat   5
el transporte - ulaşım   8
la ciudad - şehir   10
el paisaje - arazi   14
el restaurante - restoran   17
el supermercado - süpermarket   20
las bebidas - içecekler   22
la comida - yemek   23
la granja - çiftlik   27
la casa - ev   31
la sala - oturma odası   33
la cocina - mutfak   35
el cuarto de baño - banyo   38
la habitación de los niños - çocuk odası   42
la ropa - kıyafet   44
la oficina - ofis   49
la economía - ekonomi   51
los oficios - meslekler   53
las herramientas - aletler   56
los instrumentos musicales - müzik enstrümanı   57
el zoo - hayvanat bahçesi   59
los deportes - sporlar   62
las actividades - etkinlikler   63
la familia - aile   67
el cuerpo - vücut   68
el hospital - hastane   72
la urgencia - acil   76
la tierra - dünya   77
hora(s) - saat   79
la semana - hafta   80
el año - yıl   81
las formas - şekiller   83
colores - renkler   84
los opuestos - zıt anlamlılar   85
los números - sayılar   88
los idiomas - diller   90
quién / qué / cómo - kim / ne / nasıl   91
dónde - nerede   92

AF175796

Impressum
Verlag: BABADADA GmbH, Nedderfeld 112 , 22529 Hamburg
Geschäftsführer / Verlagsleitung: Harald Hof
Druck: Books on Demand GmbH, In de Tarpen 42, 22848 Norderstedt

Imprint
Publisher: BABADADA GmbH, Nedderfeld 112 , 22529 Hamburg, Germany
Managing Director / Publishing direction: Harald Hof
Print: Books on Demand GmbH, In de Tarpen 42, 22848 Norderstedt

la escuela
okul

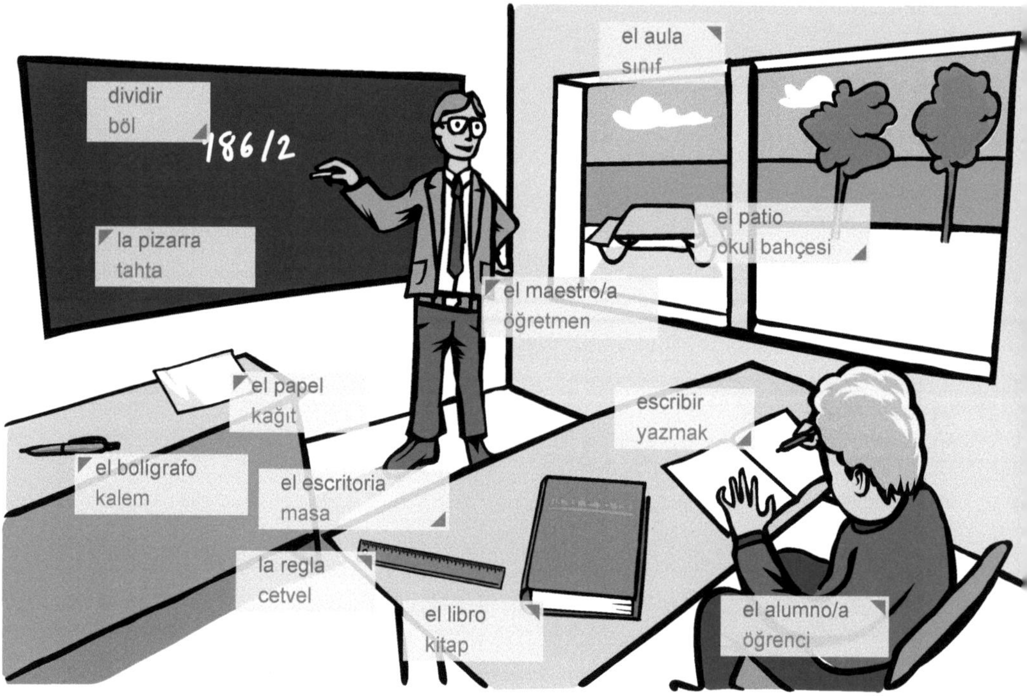
el aula
sınıf
dividir
böl
186/2
la pizarra
tahta
el patio
okul bahçesi
el maestro/a
öğretmen
el papel
kağıt
escribir
yazmak
el bolígrafo
kalem
el escritoria
masa
la regla
cetvel
el libro
kitap
el alumno/a
öğrenci

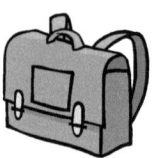

la cartera

okul çantası

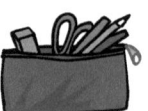

la caja de lápices

kalemlik

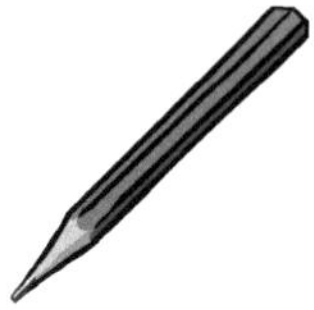

el lápiz

kurşun kalem

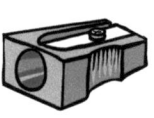

el sacapuntas

kalem açacağı

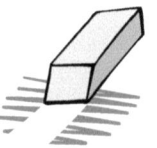

la goma de borrar

silgi

el cuaderno de dibujo

çizim defteri

el dibujo
çizim

el pincel
resim fırçası

la caja de pinturas
boya kutusu

las tijeras
makas

el pegamento
tutkal

el cuaderno de ejercicios
alıştırma kitabı

los deberes
ödev

el número
sayı

sumar
ekle

restar
çıkar

multiplicar
çarp

calcular
hesapla

la letra
harf

el alfabeto
alfabe

la palabra
kelime

el texto

metin

leer

okumak

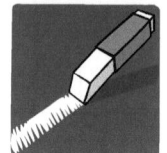

la tiza

tebeşir

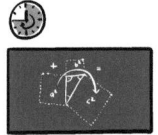

la lección

ders

el cuaderno de notas

kayıt

el examen

sınav

el certificado

sertifika

el uniforme

okul forması

la educación

eğitim

la enciclopedia

ansiklopedi

la universidad

üniversite

el microscopio

mikroskop

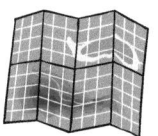

el mapa

harita

la papelera

kağıt çöp kutusu

el viaje
seyahat

el hotel
otel
Grand
el albergue
pansiyon
ROOMS
oficina de cambio de divisas
viz bürosu
la maleta
bavul
el coche
otomobil

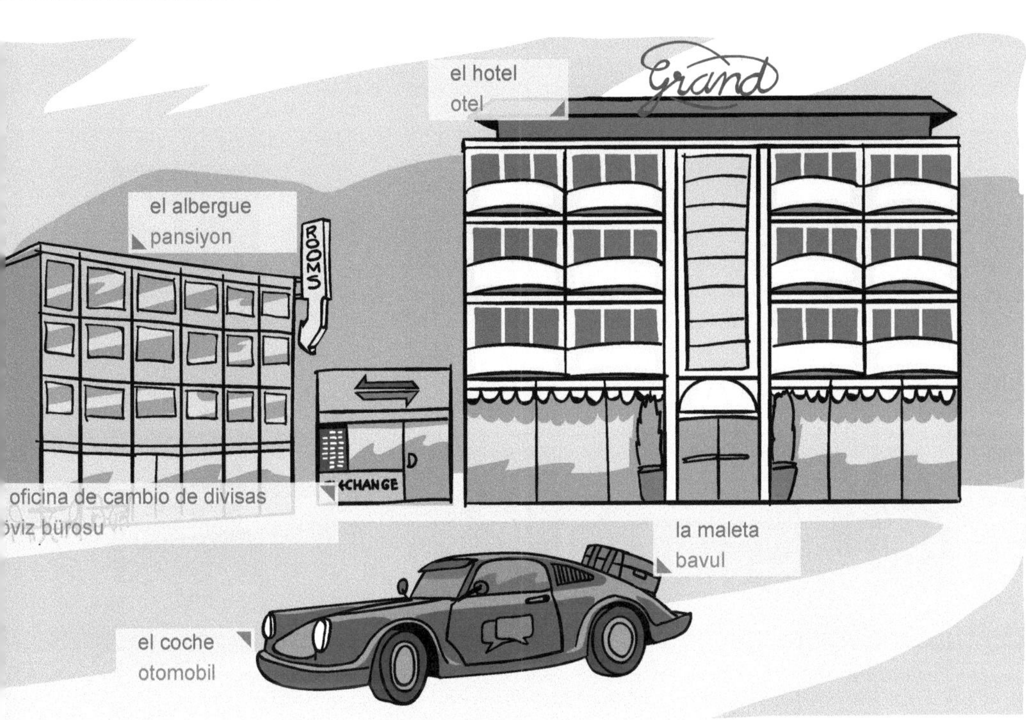

el idioma

dil

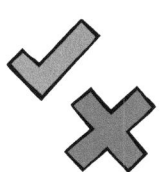

sí / no

evet / hayır

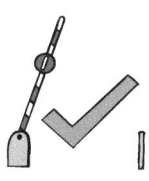

Vale

Tamam

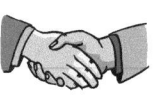

hola

merhaba

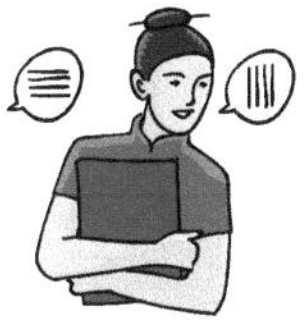

el traductor

çevirmen

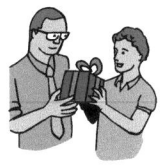

Gracias

Teşekkür ederim

¿cuánto es...?

bu ... ne kadar?

No entiendo

anlamadım

el problema

problem

¡Buenas tardes!

İyi akşamlar!

¡Buenos días!

Günaydın!

¡Buenas noches!

İyi geceler!

adiós

güle güle

la dirección

yön

el equipaje

bagaj

la bolsa

çanta

la mochila

sırt çantası

el invitado

misafir

la habitación

oda

el saco de dormir

uyku tulumu

la tienda de campaña

çadır

la información turística

turist danışma

la playa

sahil

la tarjeta de crédito

kredi kartı

el desayuno

kahvaltı

el almuerzo

öğle yemeği

la cena

akşam yemeği

el billete

Bilet

el ascensor

asansör

el sello

pul

la frontera

sınır

la aduana

gümrük

la embajada

elçilik

la visa

vize

el pasaporte

pasaport

el transporte

ulaşım

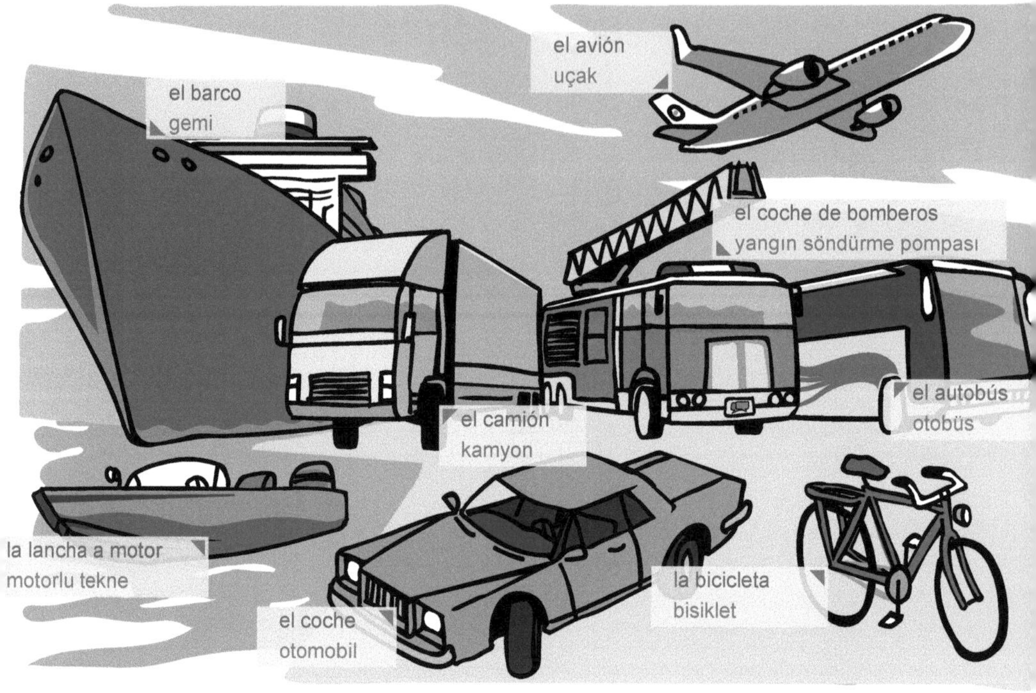
el avión
uçak
el barco
gemi
el coche de bomberos
yangın söndürme pompası
el autobús
otobüs
el camión
kamyon
la lancha a motor
motorlu tekne
la bicicleta
bisiklet
el coche
otomobil

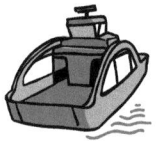

el transbordador

feribot

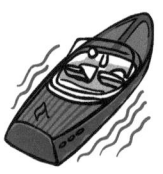

la barca

bot

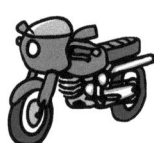

la moto

motosiklet

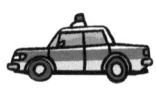

el coche de policía

polis arabası

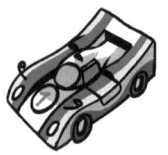

el coche de carreras

yarış arabası

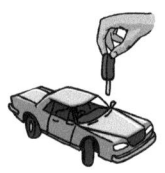

el coche de alquiler

kiralık araba

el préstamo de vehículos

ortak araba

la grúa

çekici

el camión de la basura

çöp kamyonu

el motor

motor

la gasolina

yakıt

la gasolinera

benzinlik

la señal de tráfico

trafik işareti

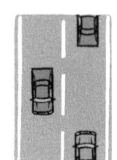

el tráfico

trafik

el atasco

trafik sıkışıklığı

el aparcamiento

otopark

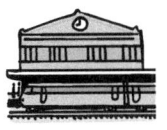

la estación de tren

tren istasyonu

las vías

ray

el tren

tren

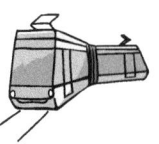

el tranvía

tramvay

el vagón

vagon

el helicóptero

helikopter

el aeropuerto

havaalanı

la torre

kule

el pasajero

yolcu

el contenedor

konteyner

la caja de cartón

koli

la carretilla

yük arabası

la cesta

sepet

despegar / aterrizar

kalkış / iniş

la ciudad
şehir

el pueblo

köy

el centro de la ciudad

şehir merkezi

la casa

ev

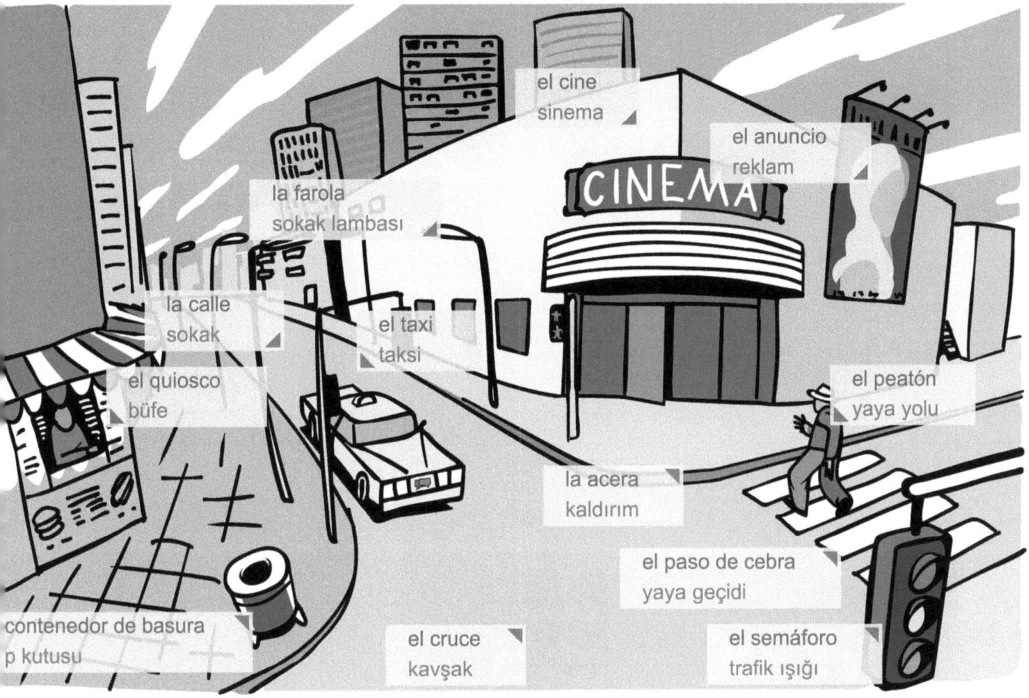

el cine
sinema

el anuncio
reklam

la farola
sokak lambası

CINEMA

la calle
sokak

el taxi
taksi

el quiosco
büfe

el peatón
yaya yolu

la acera
kaldırım

el paso de cebra
yaya geçidi

contenedor de basura
p kutusu

el cruce
kavşak

el semáforo
trafik ışığı

la cabaña
kulübe

el apartamento
apartman dairesi

la estación de tren
tren istasyonu

el ayuntamiento
belediye binası

el museo
müze

la escuela
okul

la universidad

üniversite

el banco

banka

el hospital

hastane

el hotel

otel

la farmacia

eczane

la oficina

ofis

la librería

kitapçı

la tienda de campaña

mağaza

la floristería

çiçekçi

el supermercado

süpermarket

el mercado

market

los grandes almacenes

büyük mağaza

la pescadería

balık satıcısı

el centro comercial

alışveriş merkezi

el puerto

liman

el parque

park

el banco

bank

el puente

köprü

las escaleras

merdiven

el metro

metro

el túnel

tünel

la parada de autobús

otobüs durağı

el bar

bar

el restaurante

restoran

el buzón

posta kutusu

el poste indicador

sokak tabelası

el parquímetro

otopark sayacı

el zoo

hayvanat bahçesi

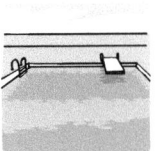

la piscina

yüzme havuzu

la mezquita

cami

la granja

çiftlik

la contaminación

kirlilik

el cementerio

mezarlık

la iglesia

kilise

el patio de juego

oyun alanı

el templo

tapınak

el paisaje

arazi

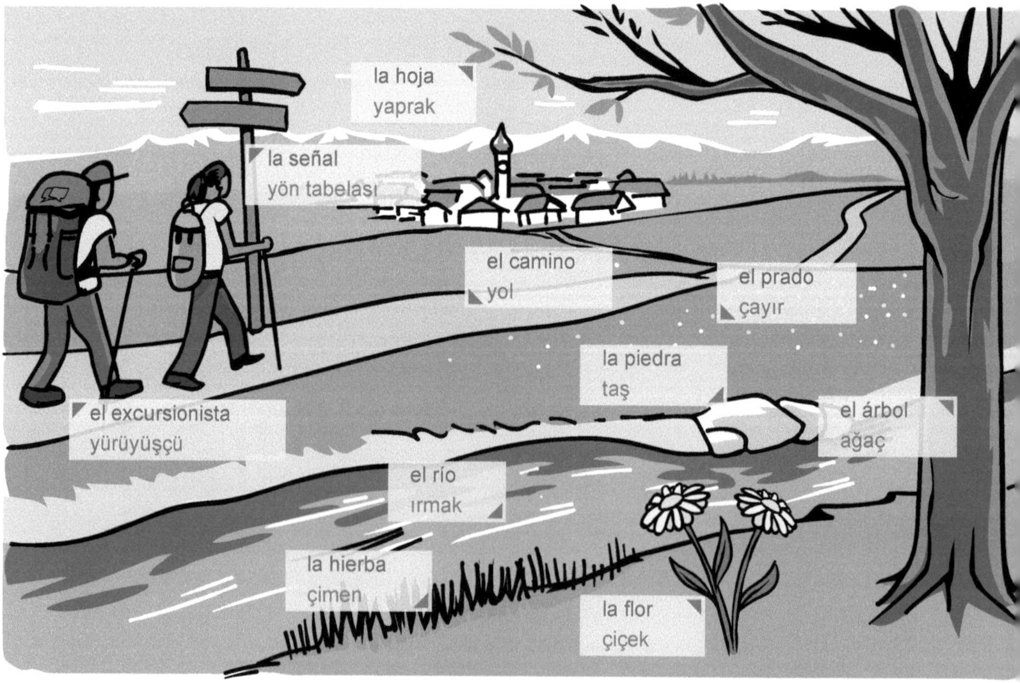

la hoja
yaprak

la señal
yön tabelası

el camino
yol

el prado
çayır

la piedra
taş

el excursionista
yürüyüşçü

el árbol
ağaç

el río
ırmak

la hierba
çimen

la flor
çiçek

el valle
vadi

la colina
tepe

el lago
göl

el bosque
orman

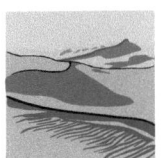

el desierto
çöl

el volcán
volkan

el castillo
kale

el arcoíris
gökkuşağı

el champiñón
mantar

la palmera
palmiye

el mosquito
sivrisinek

la mosca
sinek

la hormiga
karınca

la abeja
arı

la araña
örümcek

el escarabajo

böcek

la rana

kurbağa

la ardilla

sincap

el erizo

kirpi

la liebre

yabani tavşan

la lechuza

baykuş

el pájaro

kuş

el cisne

kuğu

el jabalí

yaban domuzu

el ciervo

geyik

el alce

geyik

la presa

baraj

la turbina eólica

rüzgar türbini

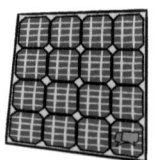

el panel solar

güneş paneli

el clima

iklim

el restaurante
restoran

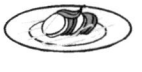

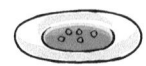

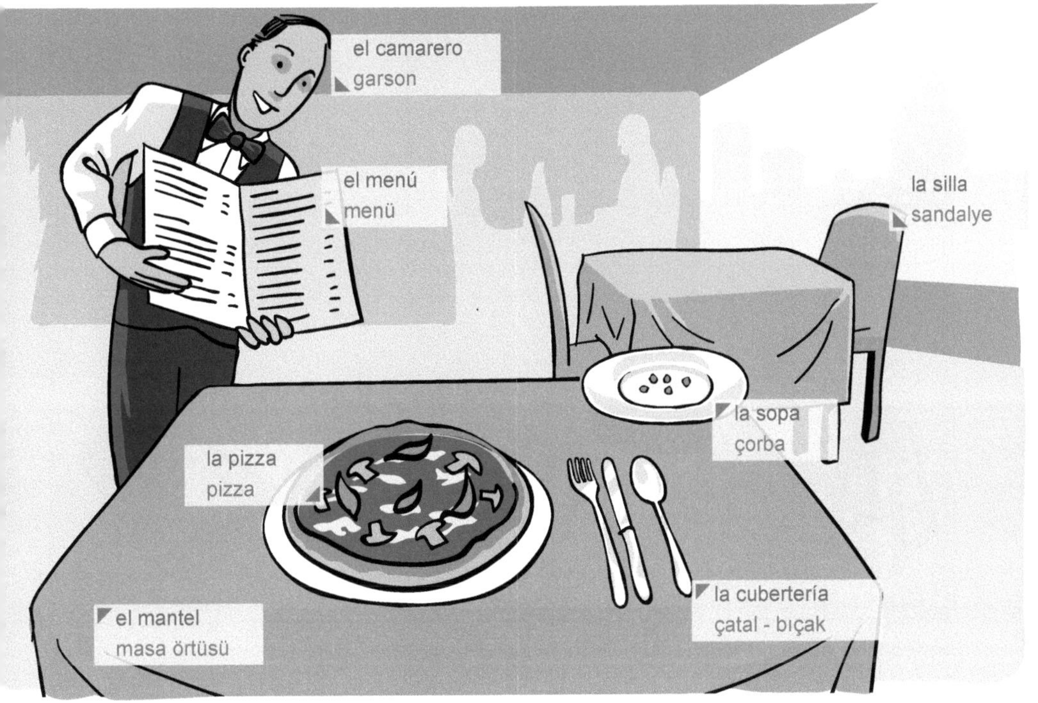
el camarero
garson
el menú
menü
la silla
sandalye
la sopa
çorba
la pizza
pizza
la cubertería
çatal - bıçak
el mantel
masa örtüsü

el primer plato

başlangıç

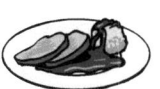

el plato principal

ana yemek

el postre

tatlı

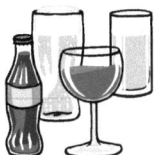

las bebidas

içecekler

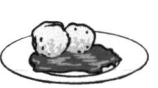

la comida

yemek

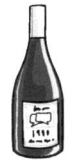

la botella

şişe

la comida rápida

fastfood

la comida callejera

sokak yemeği

la tetera

çaydanlık

el azucarero

şekerlik

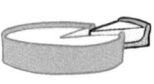

la porción

porsiyon

la cafetera expreso

espresso makinesi

la trona

mama sandalyesi

la cuenta

fatura

la bandeja

tepsi

el cuchillo

bıçak

el tenedor

çatal

la cuchara

kaşık

la cucharilla

çay kaşığı

la servilleta

servis peçetesi

el vaso

bardak

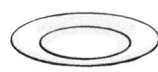

el plato
tabak

el plato hondo
çorba kasesi

el platillo
fincan altlığı

la salsa
sos

el salero
tuzluk

el molinillo de pimienta
karabiber değirmeni

el vinagre
sirke

el aceite
yağ

las especias
baharat

el ketchup
ketçap

la mostaza
hardal

la mayonesa
mayonez

el supermercado
süpermarket

la oferta especial
özel teklif
FOR
el cliente
müşteri
los lácteos
süt ürünleri
la fruta
meyve
el carro de compra
alışveriş arabası

BUTCHERS

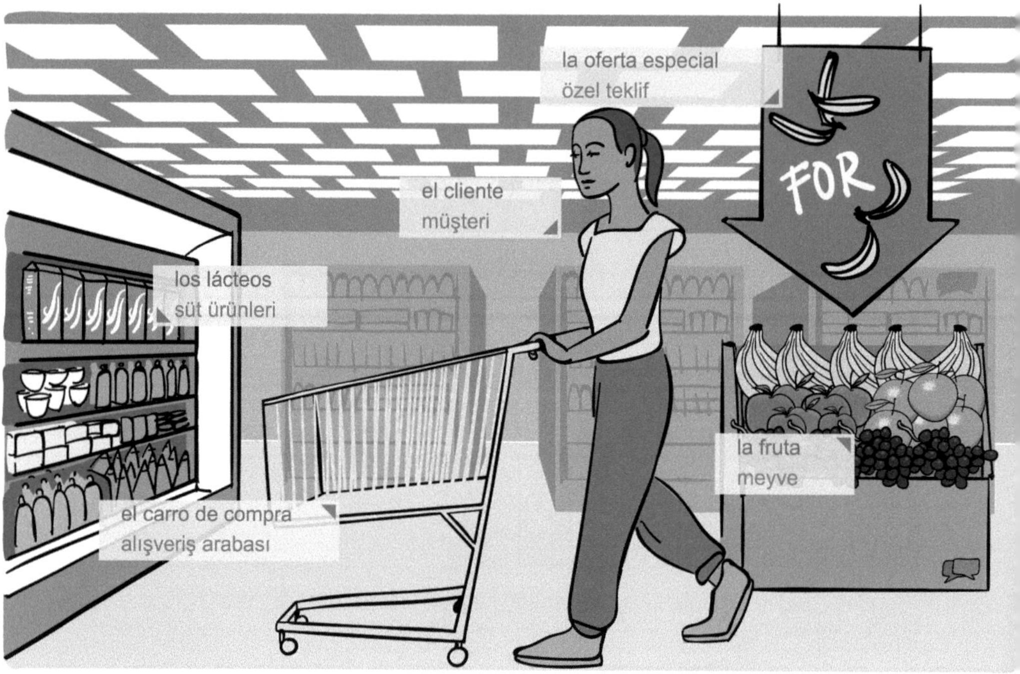

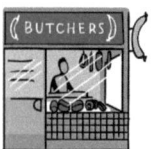

la carniceria

kasap

BAKERY

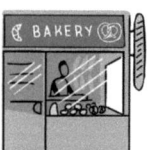

la panadería

fırın

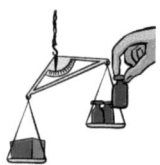

pesar

tartmak

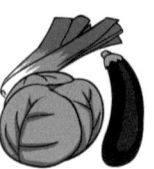

las verduras

sebze

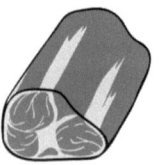

la carne

et

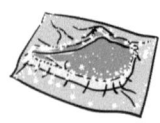

los alimentos congelados

donmuş gıda

los fiambres

söğüş et

las conservas

konserve yiyecek

el detergente en polvo

toz deterjan

los dulces

şekerlemeler

productos de uso doméstico

ev temizlik ürünleri

productos de limpieza

temizlik ürünleri

la vendedora

satış görevlisi

la caja de cartón

yazar kasa

el cajero

kasiyer

la lista de la compra

alışveriş listesi

el horario de atención al público

açılış saatleri

la cartera

cüzdan

la tarjeta de crédito

kredi kartı

la bolsa de plástico

çanta

la bolsa de plástico

plastik poşet

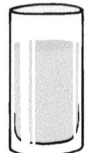

el agua

su

el zumo

meyve suyu

la leche

süt

la cola

kola

el vino

şarap

la cerveza

bira

el alcohol

alkol

el cacao

kakao

el té

çay

el café

kahve

el expreso

espresso

el capuchino

kapuçino

el plátano

muz

la manzana

elma

la naranja

portakal

el melón

kavun

el limón

limon

la zanahoria

havuç

el ajo

sarımsak

el bambú

bambu

la cebolla

soğan

el champiñón

mantar

las avellanas

çerez

los fideos

makarna

las espagueti

spagetti

el arroz

pirinç

la ensalada

salata

las patatas fritas

cips

las patatas fritas

patates kızartması

la pizza

pizza

la hamburguesa

hamburger

el sándwich

sandviç

el filete

şinitzel

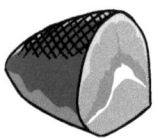

el jamón

pastırma

le salami

salam

la salchicha

sosis

el pollo

tavuk

el asado

rosto

el pescado

balık

los copos de avena

yulaf ezmesi

el muesli

müsli

los copos de maíz

mısır gevreği

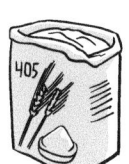

la harina

un

el cruasán

kruvasan

el panecillo

küçük ekmek

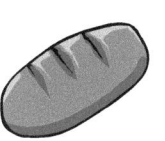

el pan

ekmek

la tostada

tost

las galletas

bisküvi

la mantequilla

tereyağı

la cuajada

kaymak

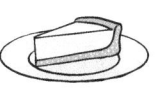

el pastel

kek

el huevo

yumurta

el huevo frito

sahanda yumurta

el queso

peynir

el helado
dondurma

el azúcar
şeker

la miel
bal

la mermelada
reçel

la crema de turrón
fındık ezmesi

el curry
köri

la granja
çiftlik

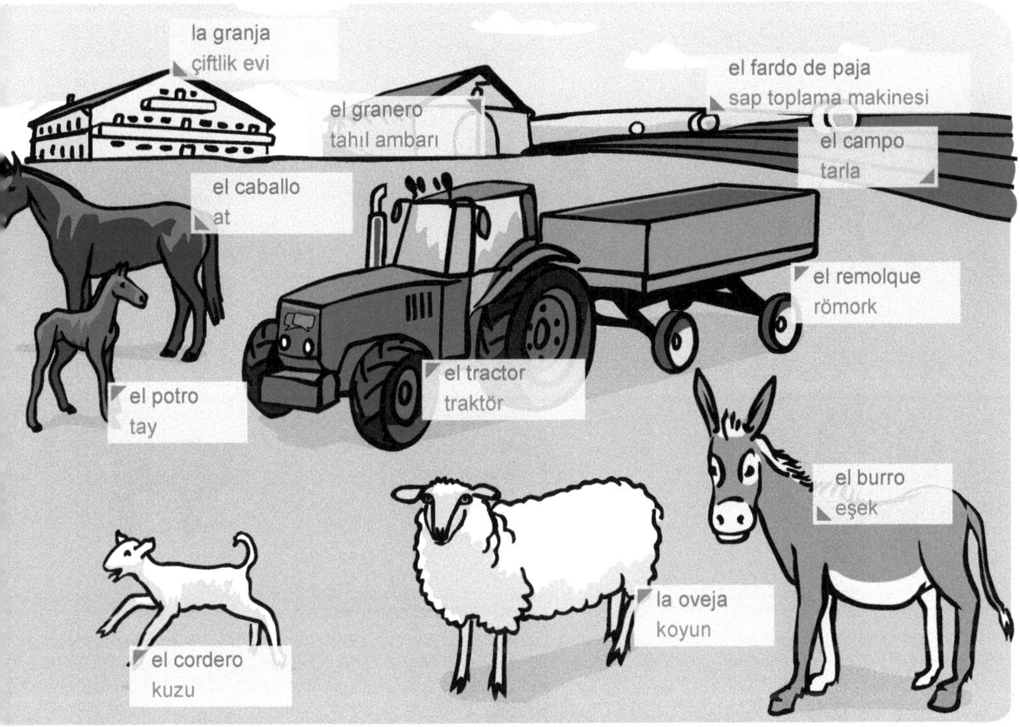

la granja
çiftlik evi
el granero
tahıl ambarı
el fardo de paja
sap toplama makinesi
el campo
tarla
el caballo
at
el remolque
römork
el potro
tay
el tractor
traktör
el burro
eşek
la oveja
koyun
el cordero
kuzu

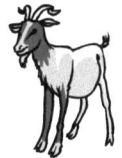

la cabra

keçi

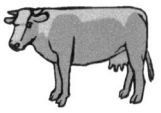

la vaca

inek

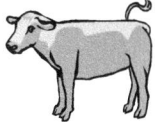

el ternero

buzağı

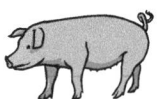

el cerdo

domuz

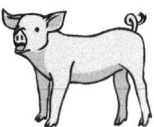

el cerdito

domuz yavrusu

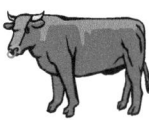

el toro

boğa

el ganso

kaz

el pato

ördek

el pollo

civciv

la gallina

tavuk

el gallo

horoz

la rata

sıçan

el gato

kedi

el ratón

fare

el buey

öküz

el perro

köpek

la perrera

köpek kulübesi

la manguera

bahçe hortumu

la regadera

sulama kabı

la guadaña

tırpan

el arado

pulluk

la hoz
orak

la azada
çapa

la horca
dirgen

el hacha
balta

la carretilla
el arabası

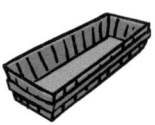

el abrevadero
yemlik

la lechera
süt kovası

el saco
çuval

la valla
çit

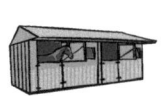

el establo
ahır

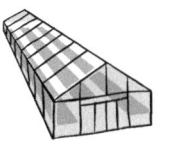

el invernadero
sera

el suelo
toprak

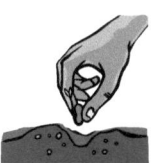

la semilla
tohum

el fertilizador
gübre

la cosechadora
biçerdöver

cosechar

hasat etmek

la cosecha

harman

el ñame

tatlı patates

el trigo

buğday

el soja

soya

la patata

patates

el maíz

mısır

la semilla de colza

kolza

el árbol frutal

meyve ağacı

la mandioca

manyok

las cereales

hububat

la casa

ev

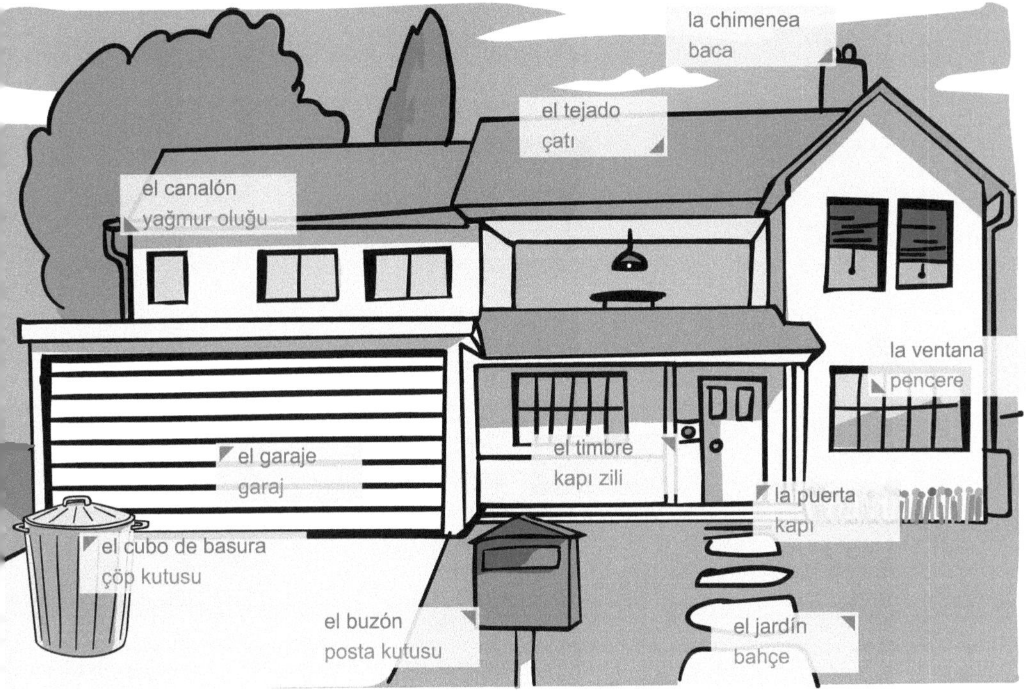

la chimenea
baca
el tejado
çatı
el canalón
yağmur oluğu
la ventana
pencere
el garaje
garaj
el timbre
kapı zili
la puerta
kapı
el cubo de basura
çöp kutusu
el buzón
posta kutusu
el jardín
bahçe

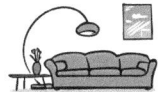

la sala

oturma odası

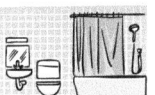

el cuarto de baño

banyo

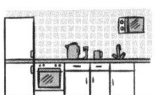

la cocina

mutfak

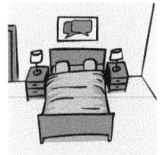

el dormitorio

yatak odası

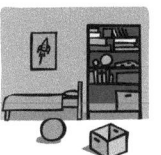

la habitación de los niños

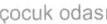

çocuk odası

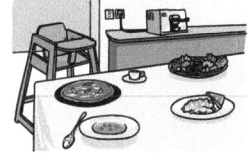

el comedor

yemek odası

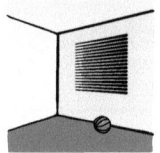

el suelo

zemin

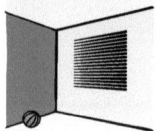

la pared

duvar

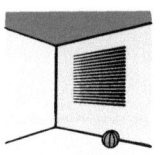

el techo

tavan

el sótano

kiler

la sauna

sauna

el balcón

balkon

la terraza

teras

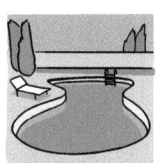

la piscina

havuz

el cortacésped

çim biçme makinesi

la sábana

çarşaf

la colcha

yatak örtüsü

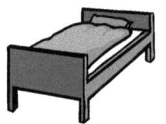

la cama

yatak

la escoba

süpürge

el balde

kova

el interruptor

anahtar

la sala

oturma odası

el papel pintado
duvar kağıdı
la imagen
resim
la lámpara
lamba
el estante
raf
el armario
dolap
la televisión
televizyon
la chimenea
şömine
la flor
çiçek
el cojín
minder
el sofá
kanepe
el jarrón
vazo
el mando a distancia
uzaktan kumanda

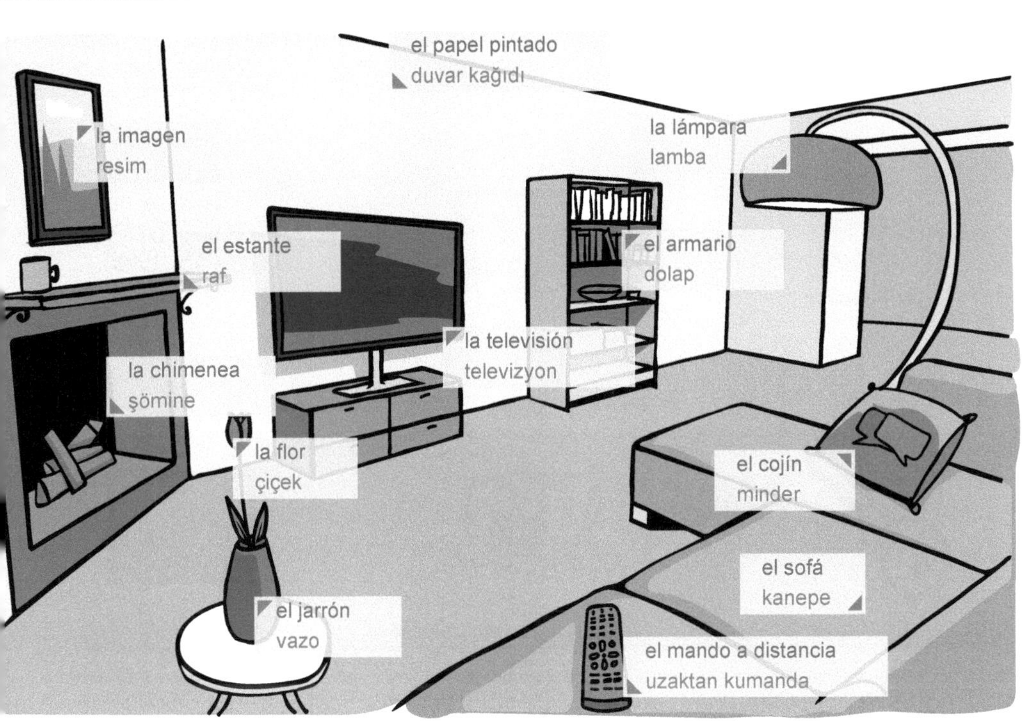

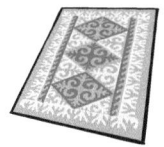

la alfombra

halı

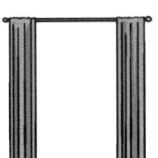

la cortina

perde

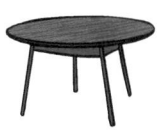

la mesa

masa

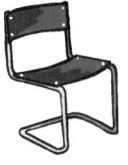

la silla

sandalye

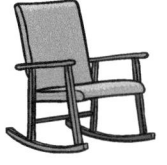

el mecedora

salıncaklı koltuk

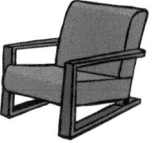

la butaca

koltuk

el libro

kitap

la manta

battaniye

la decoración

dekor

la leña

odun

la película

film

el equipo de música

hi-fi

la llave

anahtar

el periódico

gazete

la pintura

tablo

el póster

poster

la radio

radyo

el cuaderno

defter

la aspiradora

elektrikli süpürge

el cactus

kaktüs

la vela

mum

la cocina
mutfak

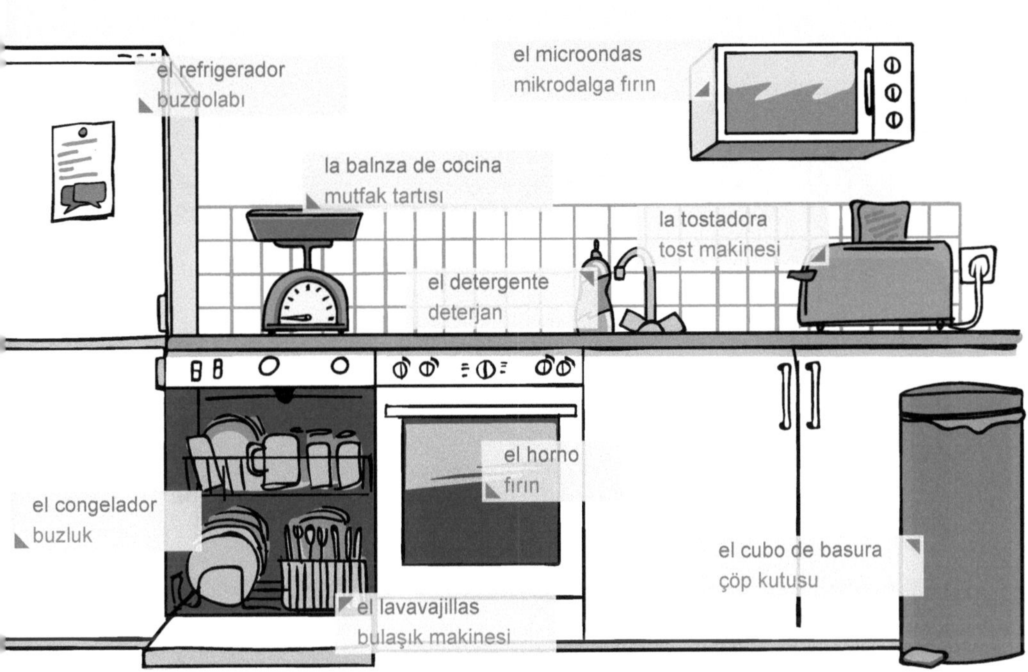
el refrigerador
buzdolabı
el microondas
mikrodalga fırın
la balnza de cocina
mutfak tartısı
la tostadora
tost makinesi
el detergente
deterjan
el horno
fırın
el congelador
buzluk
el cubo de basura
çöp kutusu
el lavavajillas
bulaşık makinesi

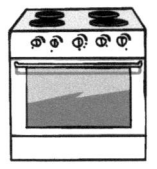

la olla a presión

ocak

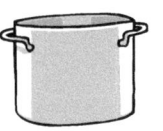

la olla

tencere

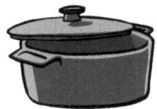

la olla de hierro fundido

döküm tencere

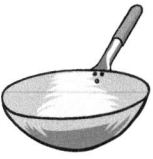

el wok

wok

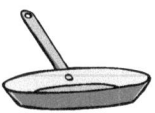

la cazuela

tava

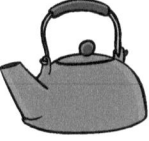

el hervidor

su ısıtıcı

la vaporera

buharlı pişirici

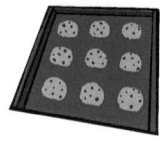

la chapa de horno

pişirme tepsisi

la vajilla

tabak takımı

la taza

kupa

el tazón

kase

los palillos

çubuk (çin yemeği)

el cucharón

kepçe

la espumadera

spatula

el batidor

çırpma teli

el colador

süzgeç

el cedazo

elek

el rallador

rende

el mortero

havan

la barbacoa

barbekü

la hoguera

açık ateş

la tabla de picar

kesme tahtası

el rodillo

merdane

el sacacorchos

tirbüşon

la lata

konserve kutusu

el abrelatas

konserve açacağı

el agarrador

fırın eldiveni

el lavabo

evye

el cepillo

fırça

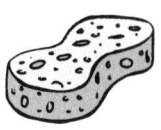

la esponja

sünger

la batidora

blender

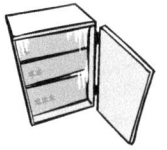

el congelador

derin dondurucu

el biberón

biberon

el grifo

musluk

el cuarto de baño

banyo

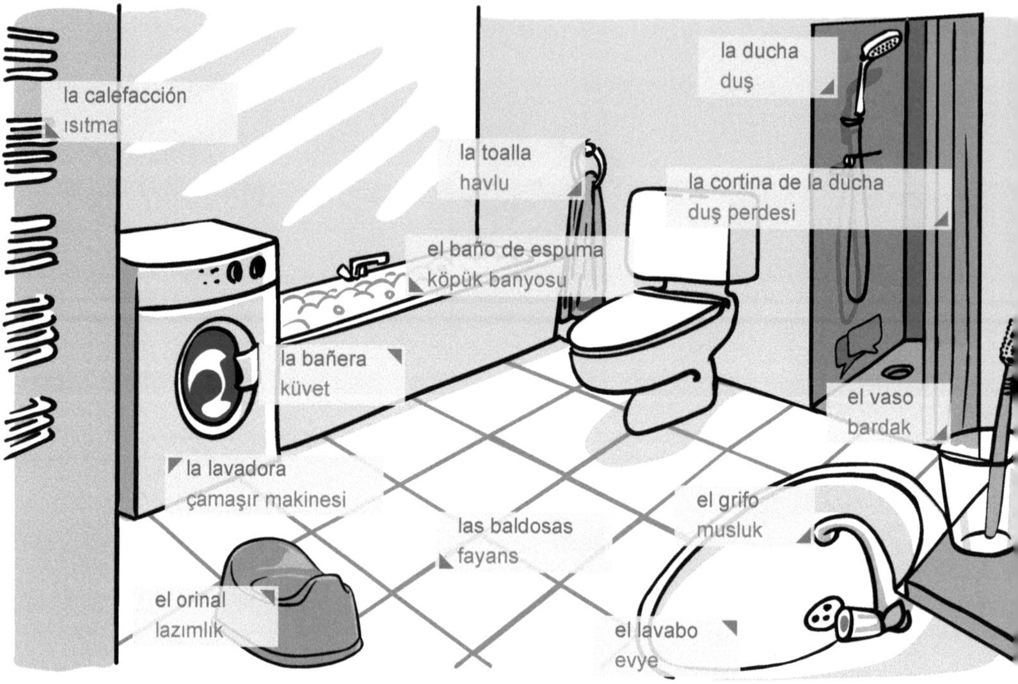
la calefacción
ısıtma
la ducha
duş
la toalla
havlu
la cortina de la ducha
duş perdesi
el baño de espuma
köpük banyosu
la bañera
küvet
el vaso
bardak
la lavadora
çamaşır makinesi
el grifo
musluk
las baldosas
fayans
el orinal
lazımlık
el lavabo
evye

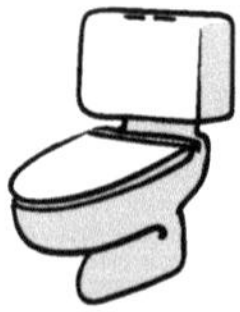
el inodoro
tuvalet

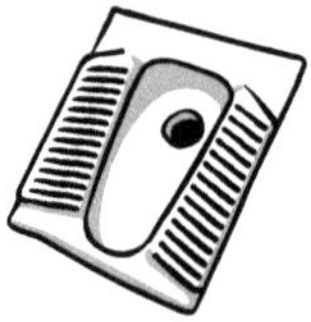
el inodoro rústico
alaturka tuvalet

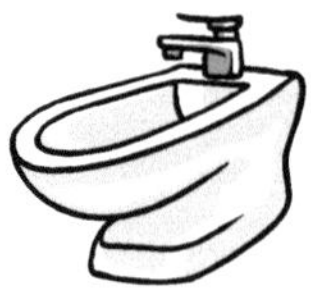
el bidé
bide

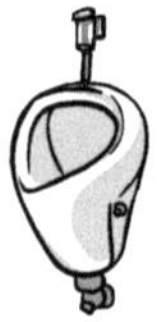
el urinario
pisuvar

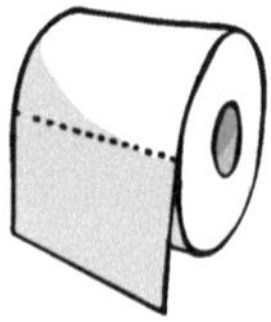
el papel higiénico
tuvalet kağıdı

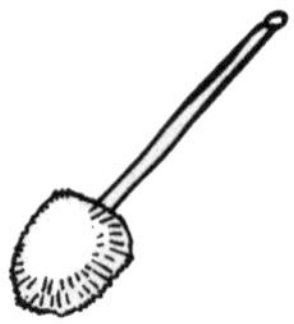
la escobilla del váter
tuvalet fırçası

el cepillo de dientes
....
diş fırçası

la pasta de dientes
....
diş macunu

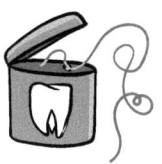

el hilo dental
....
diş ipi

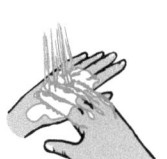

lavar
....
yıkamak

la ducha de mano
....
duş başlığı

la ducha íntima
....
duş başlığı şeklinde taharet
musluğu

la pila
....
küvet

el cepillo de espalda
....
banyo fırçası

el jabón
....
sabun

el gel de ducha
....
duş jeli

el champú
....
şampuan

la toallita
....
banyo lifi

el desagüe
....
gider

la crema
....
krem

el desodorante
....
deodorant

el espejo

ayna

el espejo de tocador

el aynası

la maquinilla de afeitar

jilet

la espuma de afeitar

tıraş köpüğü

la loción postafeitado

tıraş losyonu

el peine

tarak

el cepillo

fırça

el secador

saç kurutma makinesi

la laca

saç spreyi

el maquillaje

makyaj

el pintalabios

ruj

el pintauñas

tırnak cilası

el algodón

pamuk

el cortauñas

tırnak makası

el perfume

parfüm

el estuche de viaje
makyaj çantası

la banqueta
tabure

la balanza
tartı

el albornoz
bornoz

los guantes de goma
lastik eldiven

el tampón
tampon

la compresa
kadın pedi

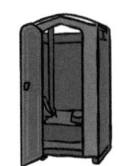

el inodoro químico
kimyevi tuvalet

la habitación de los niños

çocuk odası

el despertador
çalar saat
el peluche
peluş oyuncak
el coche de juguete
oyuncak araba
el sonajero
çıngırak
la casa de muñecas
bebek evi
el regalo
hediye

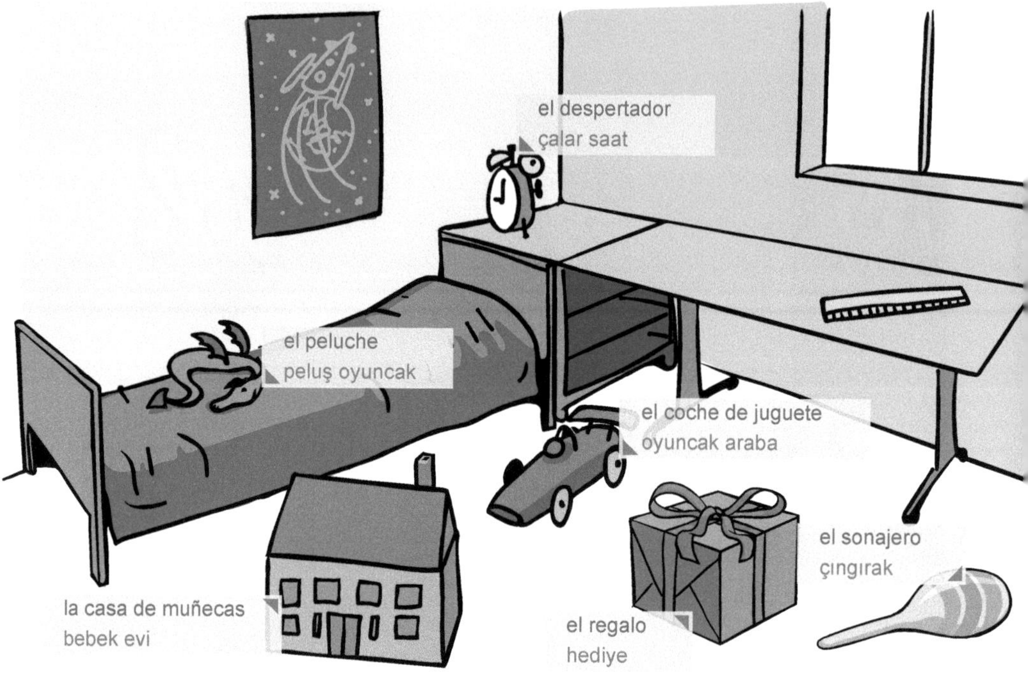

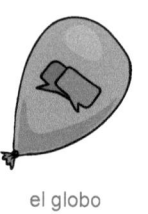

el globo
balon

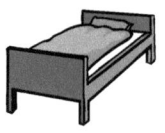

la cama
yatak

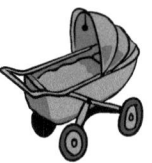

el coche de niño
bebek arabası

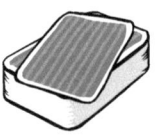

los naipes
kart destesi

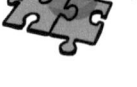

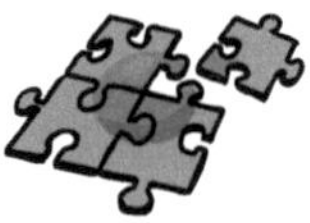

el puzle
yapboz

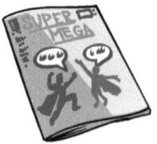

el tebeo
çizgi roman

las piezas de lego

lego tuğlaları

los bloques de juguete

lego blokları

la figura de acción

aksiyon figürü

el bodi (de bebé)

zıbın

el frisbee

frizbi

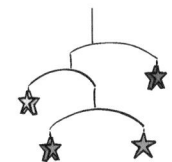

el colgador móvil para bebés

dönence

el juego de mesa

masa oyunu

los dados

zar

el circuito de tren eléctrico

model tren seti

el maniquí

emzik

la fiesta

parti

el álbum de fotos

resimli kitap

la pelota

top

la muñeca

oyuncak bebek

jugar

oynamak

el cajón de arena

kum havuzu

el columpio

salıncak

los juguetes

oyuncaklar

la videoconsola

video oyun konsolu

el triciclo

üç tekerlekli bisiklet

el oso de peluche

oyuncak ayı

la guardarropa

gardırop

la ropa
kıyafet

los calcetines

çorap

las medias

külotlu çorap

los leotardos

tayt

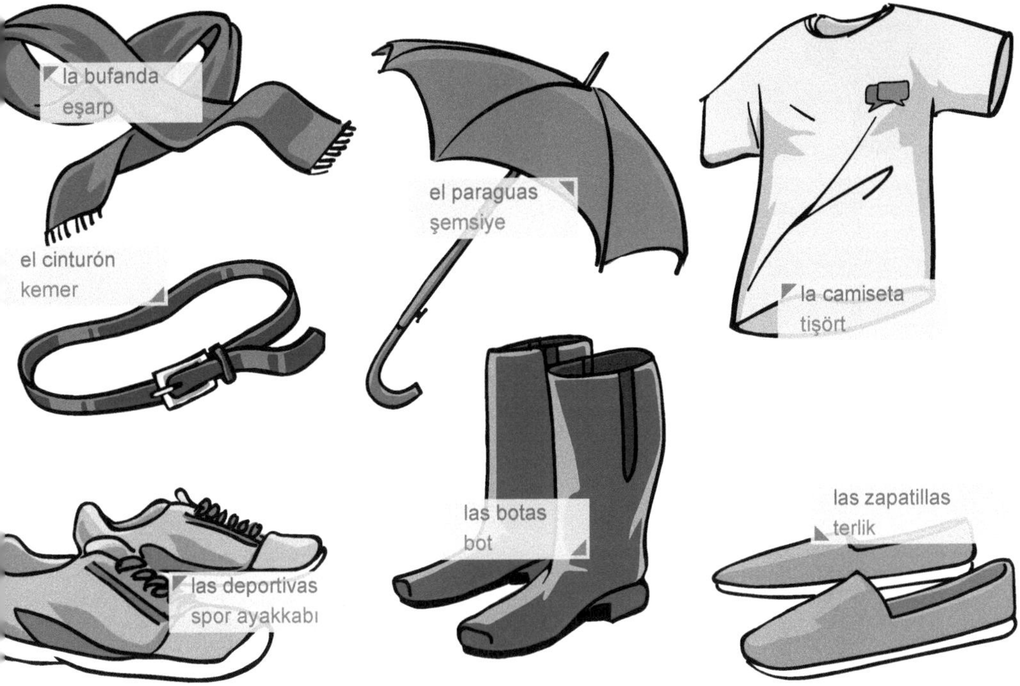

la bufanda
eşarp

el paraguas
şemsiye

la camiseta
tişört

el cinturón
kemer

las botas
bot

las zapatillas
terlik

las deportivas
spor ayakkabı

las sandalias
sandalet

los zapatos
ayakkabı

las botas de goma
lastik çizme

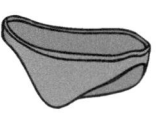

el slip
külot

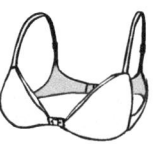

el sostén
sütyen

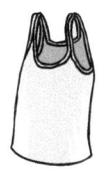

el chaleco
yelek

la ropa - kıyafet

el bodi

dar bluz

los pantalones cortos

pantolon

los vaqueros

kot pantolon

la falda

etek

la blusa

bluz

la camisa

gömlek

el jersey

kazak

el suéter

süveter

el blazer

blazer

la chaqueta

ceket

el abrigo

mont

la gabardina

yağmurluk

el traje

kostüm

el vestido

elbise

el vestido de novia

gelinlik

el traje

takım elbise

el camisón

gecelik

el pijama

pijama

el sati

sari

el bandana

baş örtüsü

el turbante

türban

la burka

burka

el caftán

kaftan

la abaya

çarşaf

el traje de baño

mayo

el bañador

erkek mayosu

los pantalones cortos

şort

el chándal

eşofman

el delantal

önlük

los guantes

eldiven

el botón
düğme

las gafas
gözlük

el brazalete
bilezik

el collar
kolye

el anillo
yüzük

el pendiente
küpe

la gorra
kep

la percha
portmanto

el sombrero
şapka

la corbata
kravat

la cremallera
fermuar

el casco
kask

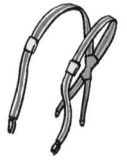

los tirantes
pantolon askısı

el uniforme
okul forması

el uniforme
üniforma

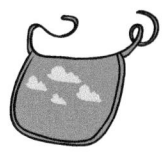

el babero

mama önlüğü

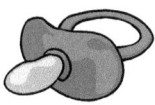

el maniquí

emzik

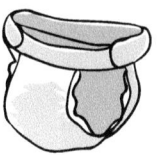

el pañal

bebek bezi

la oficina

ofis

el servidor
sunucu
el archivo
dosya dolabı
la impresora
yazıcı
el papel
kağıt
el monitor
monitör
el ratón
fare
el escritoria
masa
la carpeta
klasör
el teclado
klavye
la silla
sandalye
la papelera
kağıt çöp kutusu
el ordenador
bilgisayar

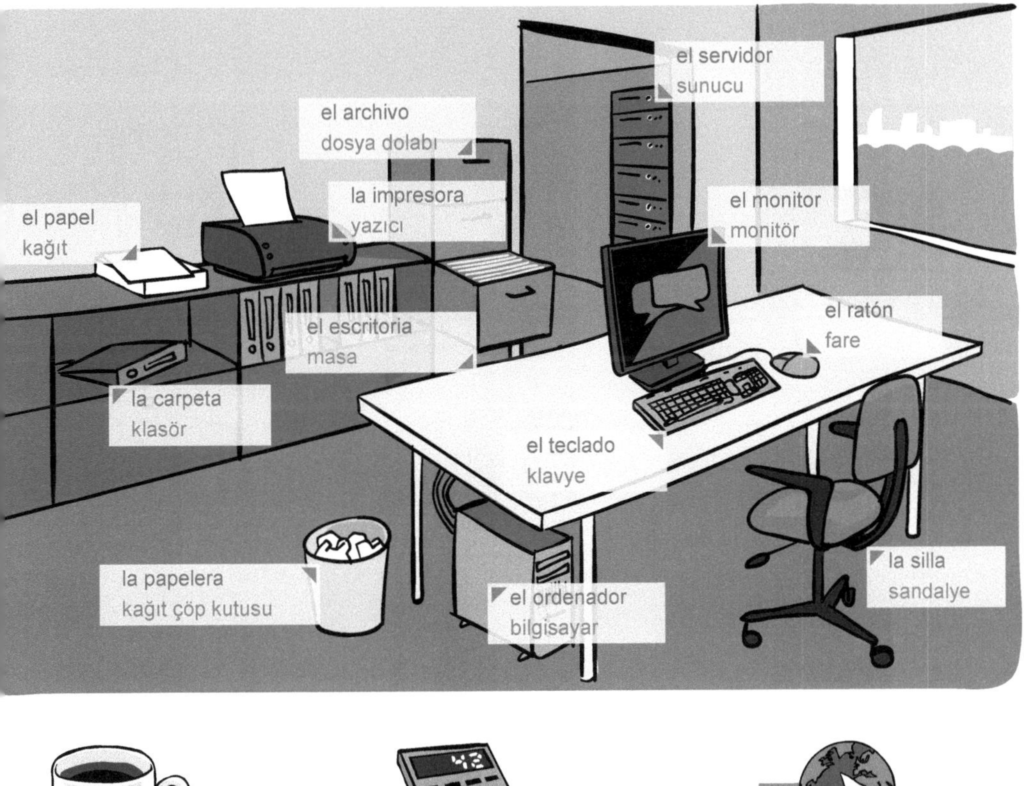

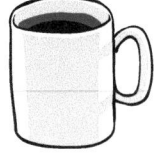

la taza de café

kahve fincanı

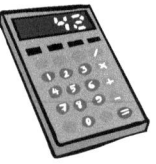

la calculadora

hesap makinesi

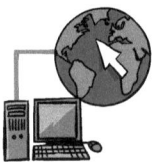

el internet

internet

el portátil

dizüstü

la carta

mektup

el mensaje

mesaj

el móvil

cep telefonu

la red

ağ

la fotocopiadora

fotokopi makinesi

el software

yazılım

el teléfono

telefon

la toma de corriente

priz

el fax

faks makinesi

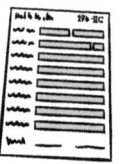

el formulario

form

el documento

belge

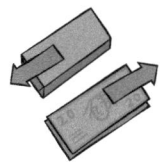

comprar

satın almak

pagar

ödemek

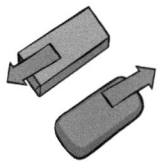

comerciar

ticaret yapmak

el dinero

para

el dólar

dolar

el euro

avro

el yen

yen

el rublo

ruble

el franco suizo

İsviçre frangı

el renminbi yuan

Çin yuanı

la rupia

rupi

el cajero automático

kasa

la oficina de cambio de divisas

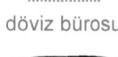

döviz bürosu

el oro
....
altın

la plata
....
gümüş

el petróleo
....
petrol

la energía
....
enerji

el precio
....
fiyat

el contrato
....
kontrat

el impuesto
....
vergi

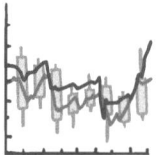

la acción
....
menkul değer

trabajar
....
çalışmak

el empleador
....
işveren

el empleador
....
işçi

la fábrica
....
fabrika

la tienda de campaña
....
mağaza

los oficios
meslekler

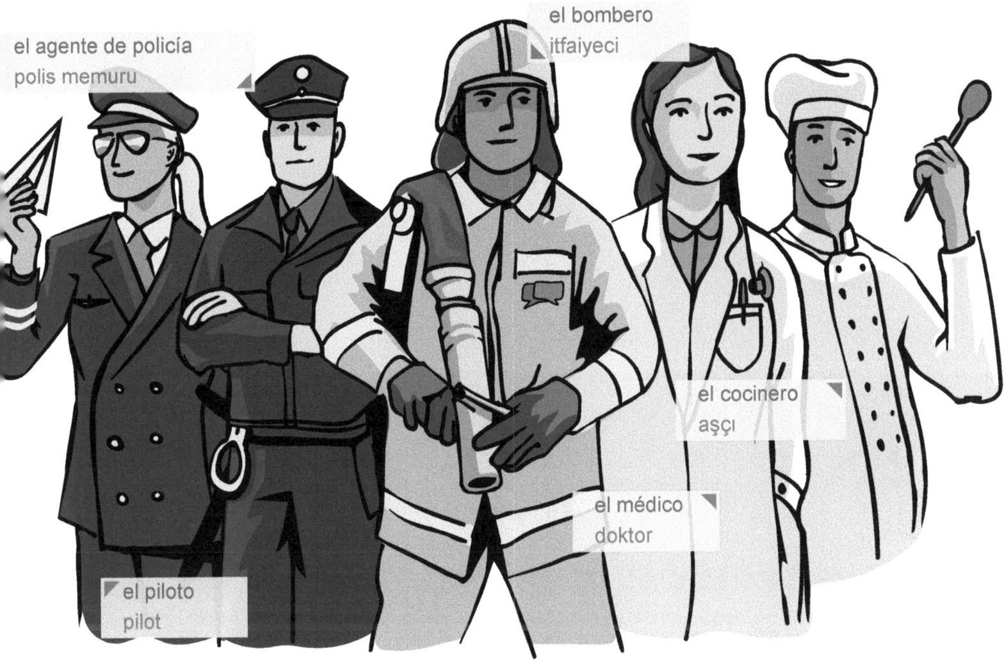
el agente de policía
polis memuru
el bombero
itfaiyeci
el cocinero
aşçı
el médico
doktor
el piloto
pilot

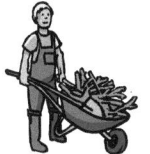

el jardinero

bahçıvan

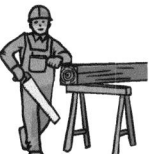

el carpintero

marangoz

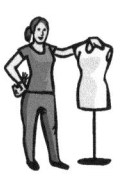

la costurera

terzi

el juez

hakim

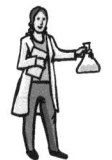

el farmacéutico

kimyager

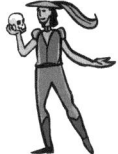

el actor

aktör

el conductor de autobús

otobüs şoförü

el taxista

taksi şoförü

el pescador

balıkçı

la señora de la limpieza

temizlikçi

el techador

çatı ustası

el camarero

garson

el cazador

avcı

el pintor

boyacı

el panadero

fırıncı

el electricista

elektrikçi

el obrero

inşaatçı

el ingeniero

mühendis

el carnicero

kasap

el fontanero

muslukçu

el cartero

postacı

el soldado

asker

el arquitecto

mimar

el cajero

kasiyer

el florista

çiçekçi

el peluquero

kuaför

el revisor

kondüktör

el mecánico

tamirci

el capitán

kaptan

el dentista

dişçi

el científico

bilim insanı

el rabino

haham

el imán

imam

el monje

keşiş

el sacerdote

rahip

las herramientas
aletler

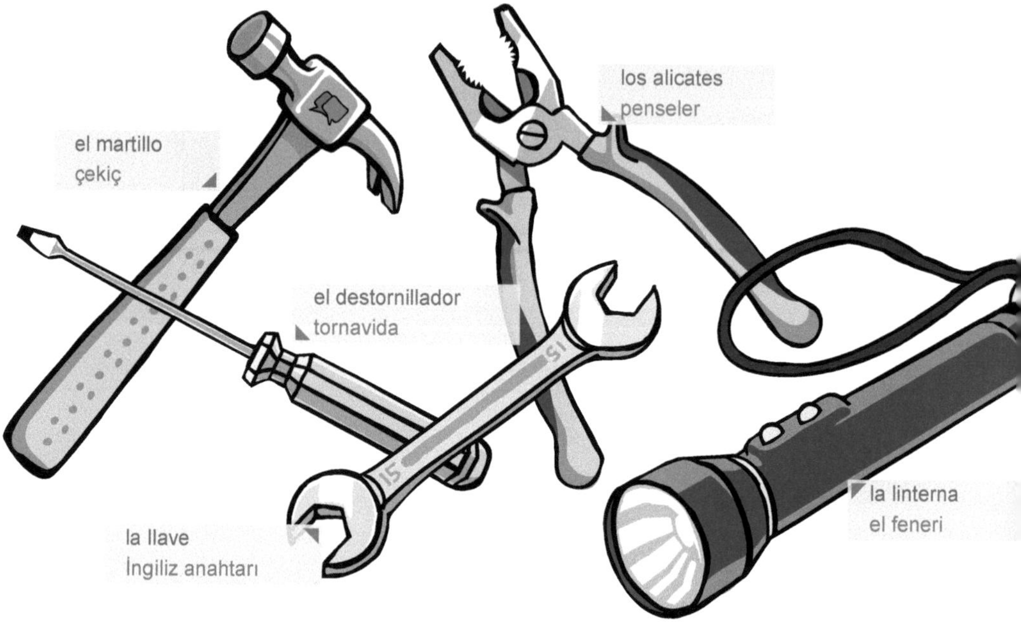

el martillo
çekiç
los alicates
penseler
el destornillador
tornavida
la llave
İngiliz anahtarı
la linterna
el feneri

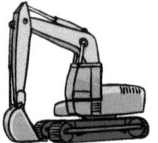

la excavadora
kazı makinesi

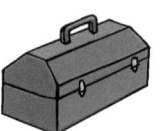

la caja de herramientas
alet çantası

la escalera de mano
merdiven

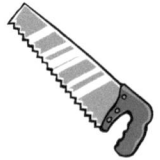

la sierra
testere

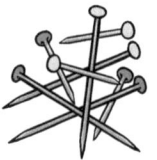

los clavos
çiviler

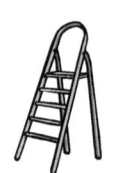

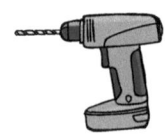

el taladro
matkap

reparar
tamir etmek

la pala
kürek

¡Maldita sea!
Kahretsin!

el recogedor
faraş

el bote de pintura
boya tenekesi

los tornillos
vidalar

los instrumentos musicales
müzik enstrümanı

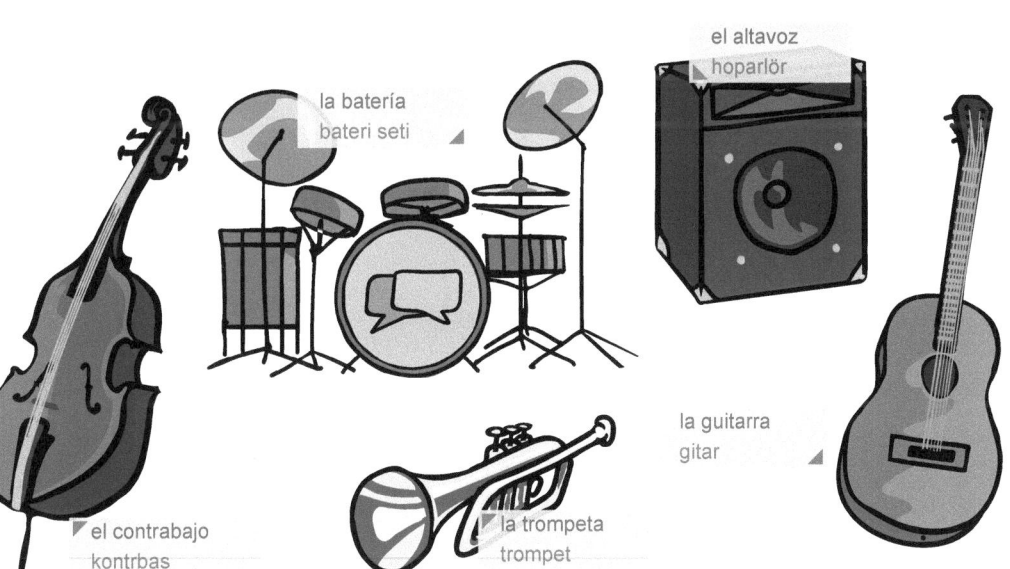

el altavoz
hoparlör

la batería
bateri seti

el contrabajo
kontrbas

la trompeta
trompet

la guitarra
gitar

el piano

piyano

el violín

keman

bajo

basgitar

los timbales

timpani

el tambor

bateri

el teclado

klavye

el saxofón

saksafon

la flauta

flüt

el micrófono

mikrofon

el zoo
hayvanat bahçesi

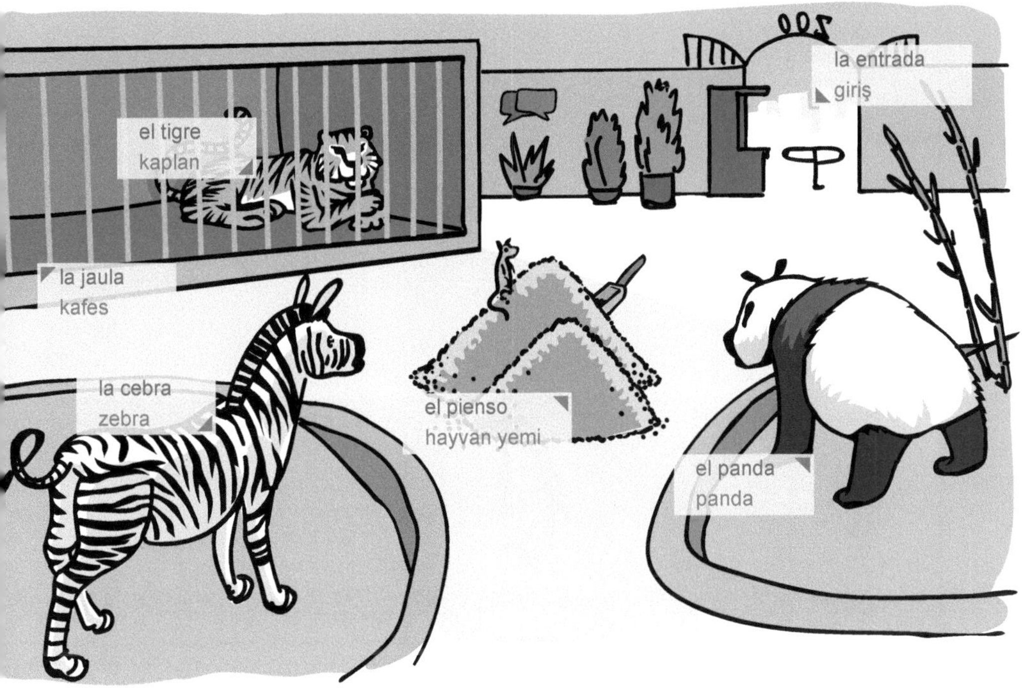

la entrada
giriş
el tigre
kaplan
la jaula
kafes
la cebra
zebra
el pienso
hayvan yemi
el panda
panda

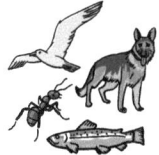

los animales

hayvanlar

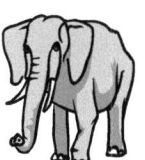

el elefante

fil

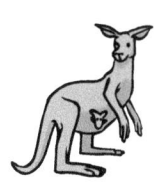

el canguro

kanguru

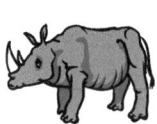

el rinoceronte

gergedan

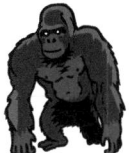

el gorila

goril

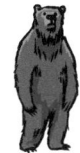

el oso

ayı

el camello

deve

el avestruz

deve kuşu

el león

aslan

el mono

maymun

el flamingo

flamingo

el loro

papağan

el oso polar

kutup ayısı

el pingüino

penguen

el tiburón

köpek balığı

el pavo real

tavus kuşu

la serpiente

yılan

el cocodrilo

timsah

el guardián de zoológico

hayvanat bahçesi görevlisi

la foca

fok

el jaguar

jaguar

el poni

midilli atı

el leopardo

leopar

el hipopótamo

su aygırı

la jirafa

zürafa

el águila

kartal

el jabalí

yaban domuzu

el pescado

balık

la tortuga

kaplumbağa

la morsa

mors

el zorro

tilki

la gacela

ceylan

el fútbol americano
amerikan futbolu

el ciclismo
bisiklete binme

el tenis
tenis

el baloncesto
basketbol

la natación
yüzme

el boxeo
boks

el hockey sobre hielo
buz hokeyi

el fútbol

futbol

el bádminton

badminton

el atletismo

atletizm

el balonmano

hentbol

el esquí

kayak

el polo

polo

las actividades
etkinlikler

saltar
atlamak
abrazar
sarılmak
reír
gülmek
caminar
yürümek
cantar
söylemek
soñar
hayal etmek
rezar
dua etmek
besar
öpmek

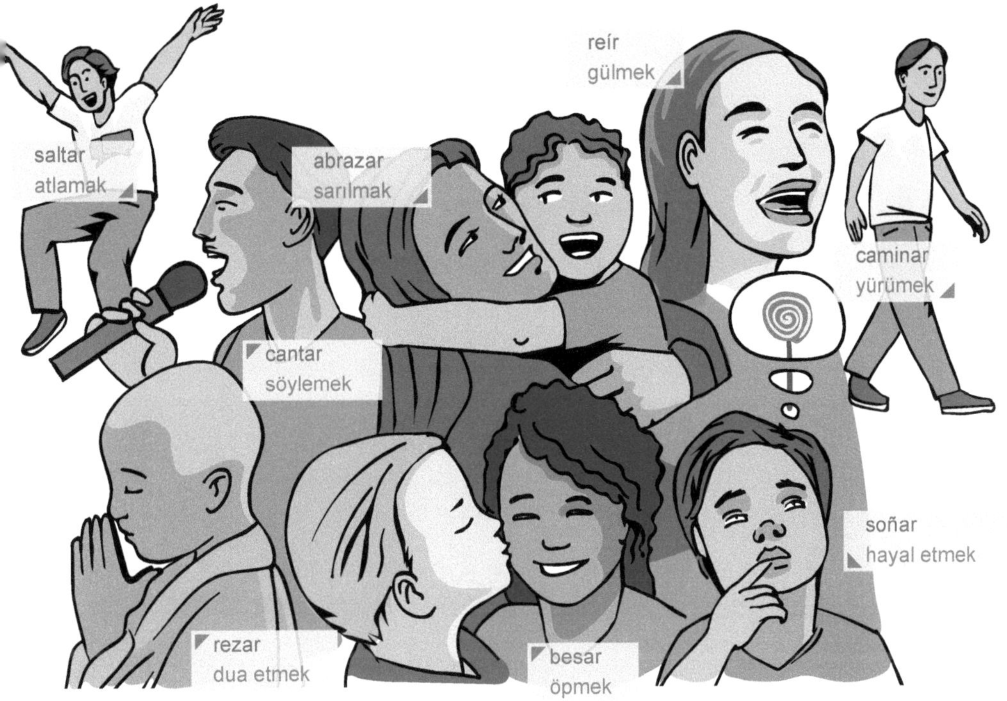

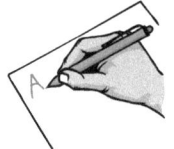

escribir

yazmak

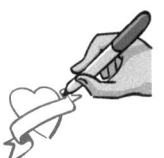

dibujar

çizmek

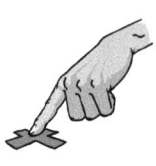

mostrar

göstermek

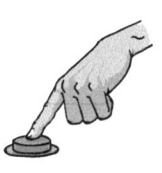

empujar

itmek

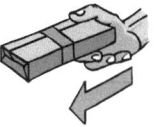

dar

vermek

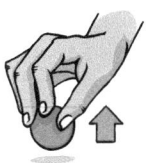

tomar

almak

tener
sahip olmak

hacer
yapmak

ser
olmak

estar de pie
ayakta durmak

correr
koşmak

tirar
çekmek

tirar
atmak

caer
düşmek

yacer
yalan söylemek

esperar
beklemek

llevar
taşımak

estar sentado
oturmak

vestirse
giyinmek

dormir
uyumak

despertar
uyanmak

mirar
bakmak

llorar
ağlamak

acariciar
vurmak

peinar
taramak

hablar
konuşmak

entender
anlamak

preguntar
sormak

escuchar
dinlemek

beber
içmek

comer
yemek

ordenar
düzenlemek

amar
sevmek

cocinar
pişirmek

conducir
sürmek

volar
uçmak

navegar

denize açılmak

calcular

hesapla

leer

okumak

aprender

öğrenmek

trabajar

çalışmak

casarse

evlenmek

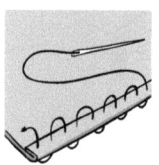

coser

dikmek

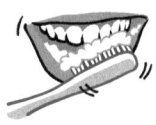

cepillarse los dientes

diş fırçalamak

matar

öldürmek

fumar

sigara içmek

enviar

yollamak

la familia

aile

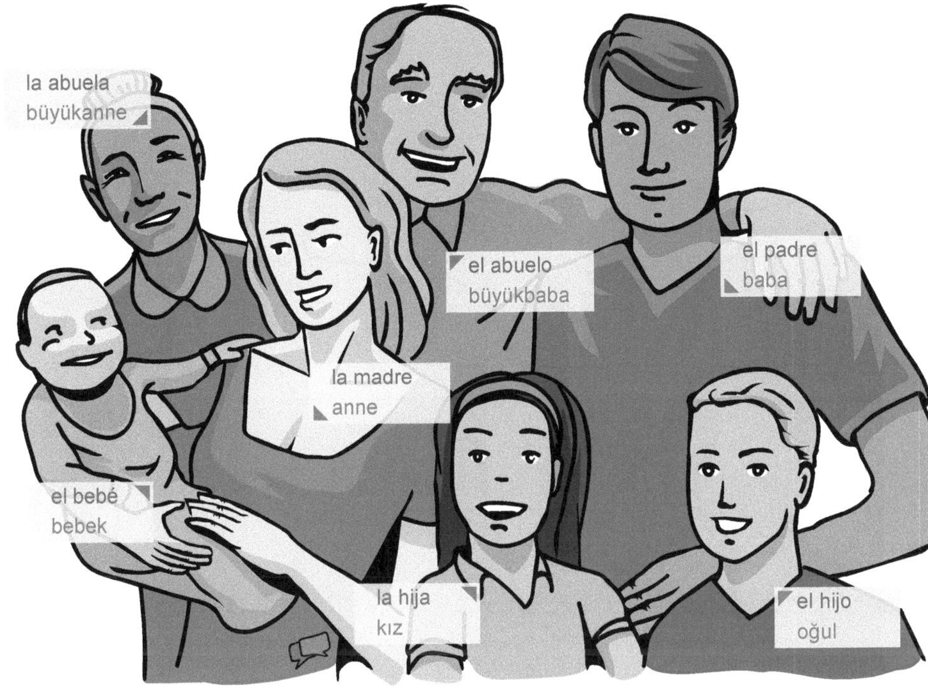

la abuela
büyükanne
el abuelo
büyükbaba
el padre
baba
la madre
anne
el bebé
bebek
la hija
kız
el hijo
oğul

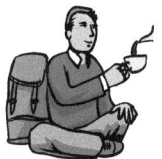

el invitado
misafir

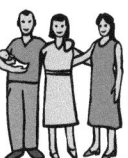

la tía
teyze

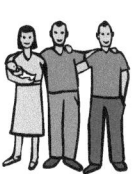

el tío
amca

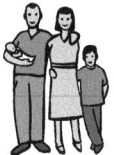

el hermano
erkek kardeş

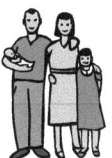

la hermana
kız kardeş

el cuerpo
vücut

la frente
alın
el ojo
göz
el hombro
omuz
el dedo
parmak
la cara
yüz
la barbilla
çene
la mano
el
la pierna
bacak
el pecho
göğüs
el brazo
kol

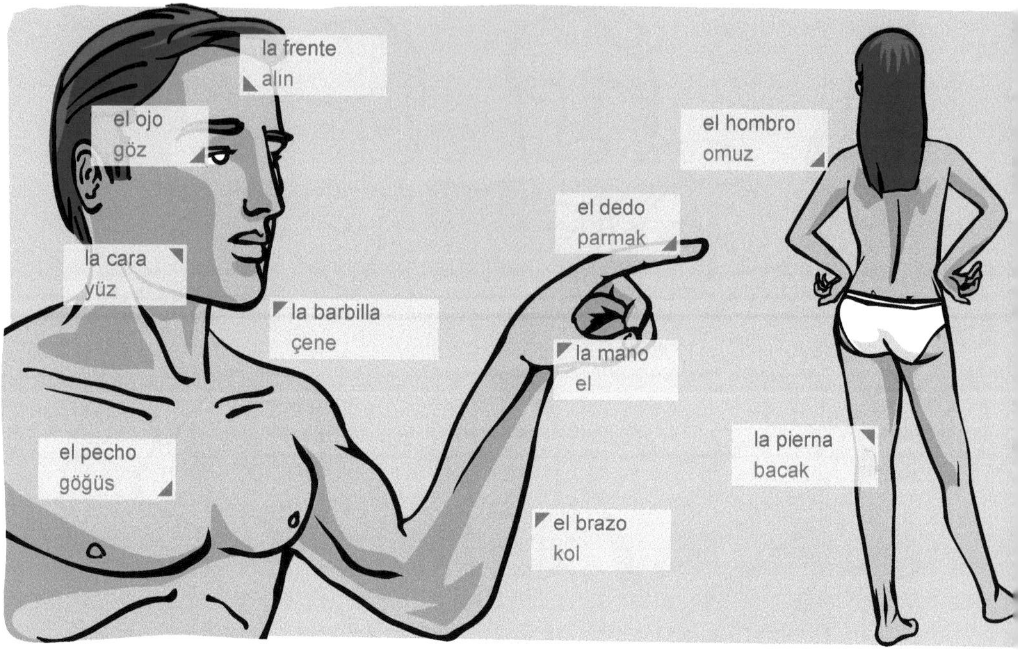

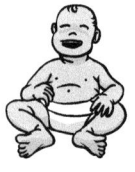

el bebé
bebek

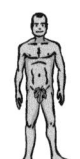

el hombre
adam

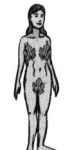

la mujer
kadın

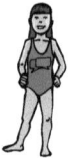

la chica
kız

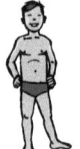

el chico
erkek çocuk

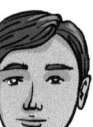

la cabeza
baş

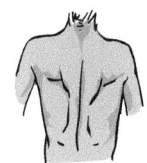

la espalda

sırt

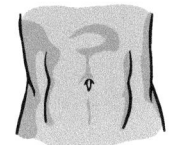

el vientre

karın

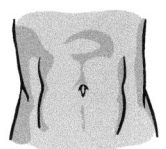

el ombligo

göbek

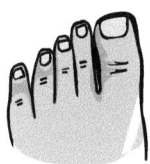

el dedo del pie

ayak parmağı

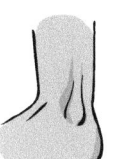

el talón

topuk

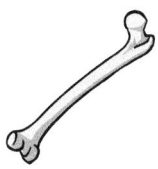

el hueso

kemik

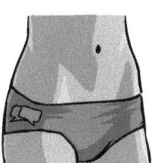

la cadera

kalça

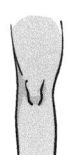

la rodilla

diz

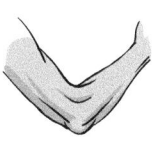

el codo

dirsek

la nariz

burun

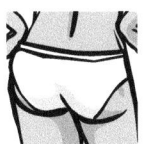

el trasero

kalça

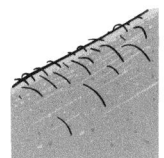

la piel

deri

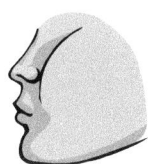

la mejilla

yanak

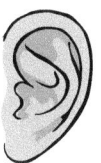

el oído

kulak

el labio

dudak

la boca
ağız

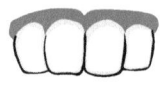

el diente
diş

la lengua
dil

el cerebro
beyin

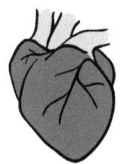

el corazón
kalp

el músculo
kas

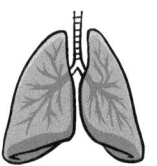

el pulmón
akciğer

el hígado
karaciğer

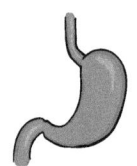

el estómago
mide

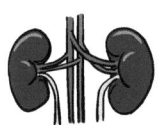

los riñones
böbrekler

el sexo
seks

el condón
prezervatif

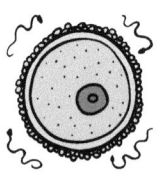

el ovario
yumurtalık

el semen
sperm

el embarazo
hamilelik

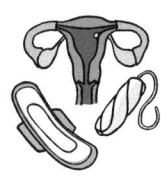

la menstruación
....
regl

la vagina
....
vajina

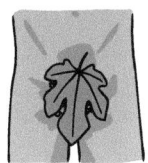

el pene
....
penis

la ceja
....
kaş

el pelo
....
saç

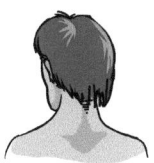

el cuello
....
boyun

el hospital
hastane

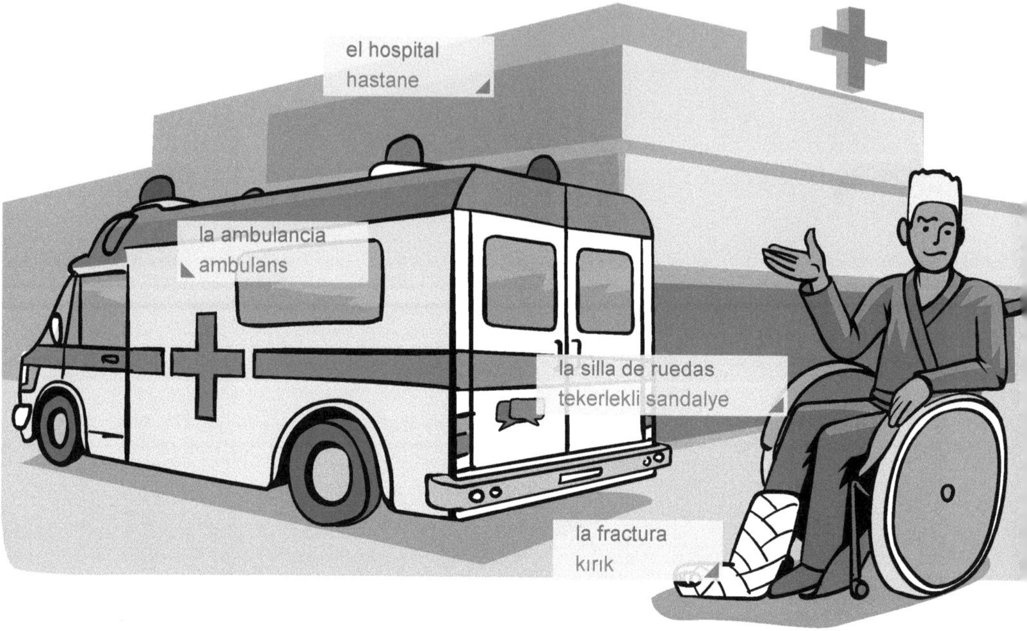

el hospital
hastane
la ambulancia
ambulans
la silla de ruedas
tekerlekli sandalye
la fractura
kırık

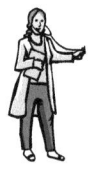

el médico

doktor

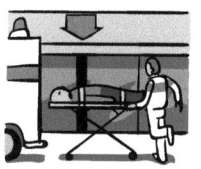

la sala de urgencias

acil servis

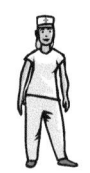

la enfermera

hemşire

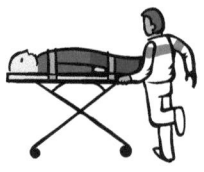

la urgencia

acil

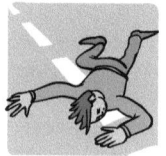

inconsciente

baygın

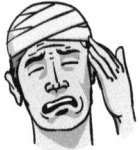

el dolor

acı

la lesión
yaralanma

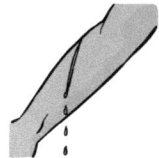

la hemorragia
kanama

el infarto
kalp krizi

el ictus
felç

la alergia
alerji

la tos
öksürük

la fiebre
ateş

la gripe
grip

la diarrea
ishal

el dolor de cabeza
baş ağrısı

el cáncer
kanser

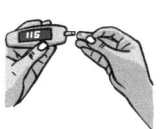

la diabetes
şeker hastalığı

el cirujano
cerrah

el bisturí
neşter

la operación
operasyon

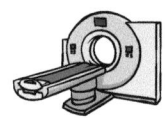

TAC
bilgisayarlı tomografi

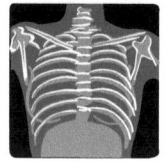

los rayos x
röntgen

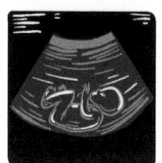

el ultrasonido
ultrason

la mascarilla
yüz maskesi

la enfermedad
hastalık

la sala de espera
bekleme odası

la muleta
koltuk değneği

la tirita
yara bandı

la venda
bandaj

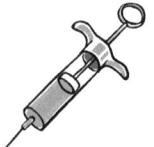

la inyección
enjeksiyon

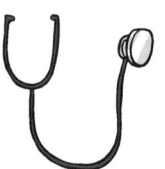

el estetoscopio
steteskop

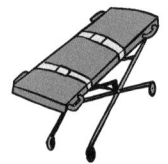

la camilla
sedye

el termómetro
tıbbi termometre

el nacimiento
doğum

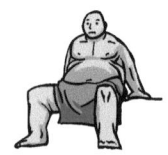

el sobrepeso
fazla kilo

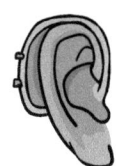

el audífono

işitme cihazı

el desinfectante

dezenfektan

la infección

enfeksiyon

el virus

virüs

VIH / SIDA

HIV / AIDS

la medicina

ilaç

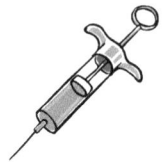

la vacunación

aşı

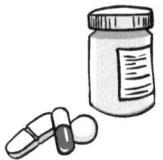

las tabletas

tablet

la pastilla

hap

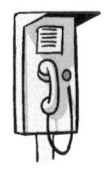

la llamada de urgencia

acil çağrı

el tensiómetro

tansiyon aleti

enfermo / sano

hasta / sağlıklı

¡Socorro!

İmdat!

la alarma

alarm

el asalto

darp

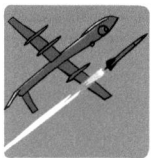

el ataque

saldırı

el peligro

tehlike

la salida de emergencia

acil çıkış

¡Fuego!

Yangın!

el extintor de incendios

yangın tüpü

el accidente

kaza

el botiquín de primeros
auxilios

ilk yardım çantası

SOS

imdat

la policía

polis

Europa

Avrupa

Norteamérica

Kuzey Amerika

Sudamérica

Güney amerika

África

Afrika

Asia

Asya

Australia

Avustralya

el atlántico

Atlantik

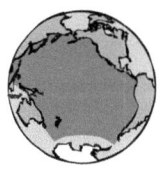

el Pacífico

Pasifik

el Océano Índico

Hint Okyanusu

el Océano Antártico

Antarktika Okyanusu

el Océano Ártico

Arktik Okyanusu

el polo norte

Kuzey Kutbu

el polo sur

Güney Kutbu

La Antártida

Antarktika

la tierra

dünya

la tierra

kara

el mar

deniz

la isla

ada

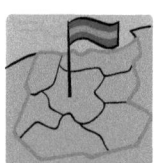

la nación

ulus

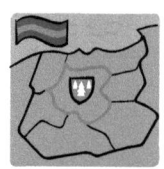

el estado

ülke

la esfera

kadran

la manecilla de las horas

akrep

el minutero

yelkovan

el segundero

saniye ibresi

¿Qué hora es?

Saat kaç?

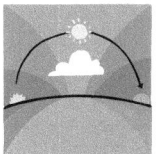

el día

gün

el tiempo

zaman

ahora

şimdi

el reloj digital

dijital saat

el minuto

dakika

la hora

saat

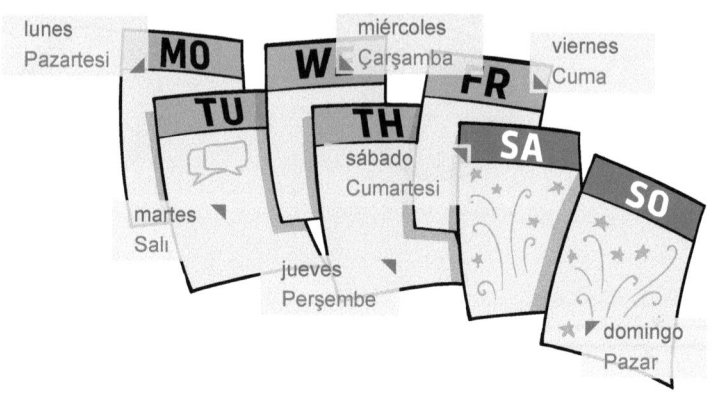

lunes
Pazartesi

miércoles
Çarşamba

viernes
Cuma

martes
Salı

sábado
Cumartesi

jueves
Perşembe

domingo
Pazar

ayer

dün

hoy

bugün

mañana

yarın

la mañana

sabah

el mediodía

öğle

la tarde

akşam

los días laborables

iş günleri

el fin de semana

hafta sonu

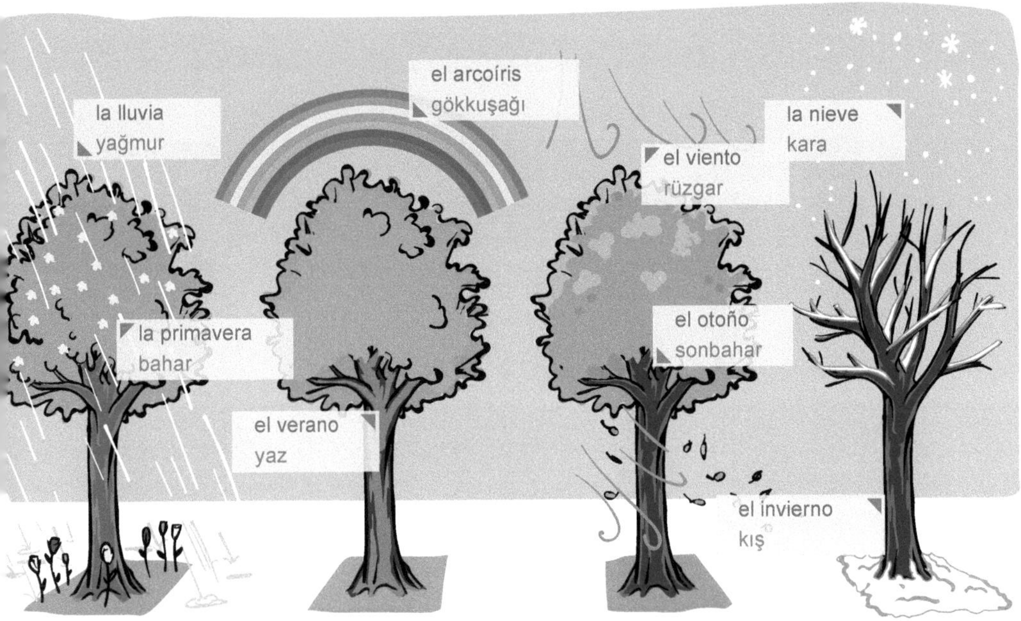

la lluvia
yağmur

el arcoíris
gökkuşağı

la nieve
kara

el viento
rüzgar

la primavera
bahar

el otoño
sonbahar

el verano
yaz

el invierno
kış

el pronóstico del tiempo

hava durumu tahmini

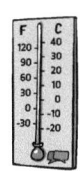

el termómetro

termometre

el sol

güneş ışığı

la nube

bulut

la niebla

sis

la humedad

nem

el rayo

şimşek

el trueno

gök gürültüsü

la tormenta

fırtına

el granizo

dolu

el monzón

muson

la inundación

sel

el hielo

buz

enero

Ocak

febrero

Şubat

marzo

Mart

abril

Nisan

mayo

Mayıs

junio

Haziran

julio

Temmuz

agosto

Ağustos

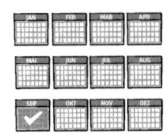

septiembre
....
Eylül

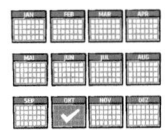

octubre
....
Ekim

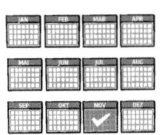

noviembre
....
Kasım

diciembre
....
Aralık

las formas
şekiller

el círculo
....
daire

el cuadrado
....
kare

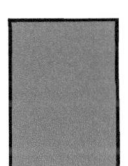

el rectángulo
....
dikdörtgen

el triángulo
....
üçgen

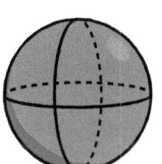

la esfera
....
küre

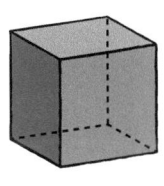

el cubo
....
küp

blanco

beyaz

amarillo

sarı

anaranjado

turuncu

rosa

pembe

rojo

kırmızı

morado

mor

azul

mavi

verde

yeşil

marrón

kahverengi

gris

gri

negro

siyah

mucho / poco

çok / az

enojado / tranquilo

kızgın / sakin

bonito / feo

güzel / çirkin

principio / fin

başlangıç / son

grande / pequeño

büyük / küçük

claro / oscuro

parlak / karanlık

el hermano / la hermana

erkek kardeş / kız kardeş

limpio / sucio

temiz / kirli

completo / incompleto

tamam / eksik

el día / la noche

gün / gece

muerto / vivo

ölü / canlı

ancho / estrecho

geniş / dar

comestible / no comestible

yenilebilir / yenilemez

malo / amable

kötü / iyi

entusiasmado / aburrido

heyecanlı / sıkılmış

gordo / delgado

şişman / zayıf

primero / último

ilk / son

el amigo / el enemigo

dost / düşman

lleno / vacío

dolu / boş

duro / blando

sert / yumuşak

pesado / ligero

ağır / hafif

el hambre / la sed

açlık / susuzluk

enfermo / sano

hasta / sağlıklı

ilegal / legal

yasa dışı / yasal

inteligente / tonto

zeki / aptal

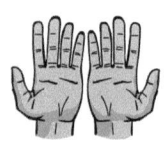

izquierda / derecha

sol / sağ

cerca / lejos

yakın / uzak

los opuestos - zıt anlamlılar

nuevo / usado
yeni / kullanılmış

nada / algo
hiçbir şey / bir şey

viejo / joven
yaşlı / genç

encendido / apagado
açma / kapama

abierto / cerrado
açık / kapalı

silencioso / ruidoso
sessiz / gürültülü

rico / pobre
zengin / fakir

correcto / incorrecto
doğru / yanlış

áspero / suave
pürüzlü / düz

triste / contento
üzgün / mutlu

corto / largo
kısa / uzun

lento / rápido
yavaş / hızlı

húmedo / seco
ıslak / kuru

cálido / frío
sıcak / serin

guerra / paz
savaş / barış

los números
sayılar

0

cero

sıfır

1

uno

bir

2

dos

iki

3

tres

üç

4

cuatro

dört

5

cinco

beş

6

seis

altı

7

siete

yedi

8

ocho

sekiz

9

nueve

dokuz

10

diez

on

11

once

on bir

12

doce

on iki

13

trece

on üç

14

catorce

on dört

15

quince

on beş

16

dieciséis

on altı

17

diecisiete

on yedi

18

dieciocho

on sekiz

19

diecinueve

on dokuz

20

veinte

yirmi

100

cien

yüz

1.000

mil

bin

1.000.000

el millón

milyon

el inglés

İngilizce

el inglés americano

Amerikan İngilizcesi

el chino madarín

Çince (Mandarin)

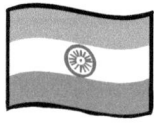

el hindi

Hintçe

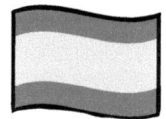

el español

İspanyolca

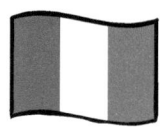

el francés

Fransızca

el árabe

Arapça

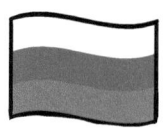

el ruso

Rusça

el portugués

Portekizce

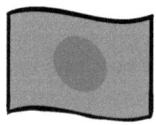

el bengalí

Bengalce

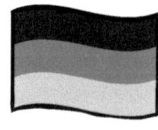

el alemán

Almanca

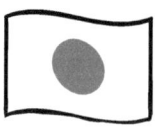

el japonés

Japonca

yo

ben

tú

sen

él / ella / ello

o

nosotros/as

biz

vosotros/as

siz

ellos/as

onlar

¿quién?

kim?

¿qué?

ne?

¿cómo?

nasıl?

¿dónde?

nerede?

¿cuándo?

ne zaman?

el nombre

isim

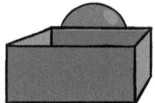

detrás

arkasında

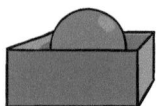

en

içinde

delante de

önünde

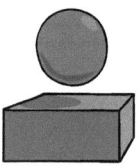

por encima de

üzerinde

sobre

üstünde

debajo de

altında

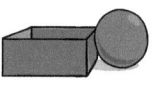

junto a

yanında

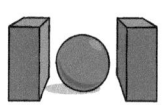

entre

arasında

el lugar

yer